日本災害思想史

前林清和
Kiyokazu Maebayashi

神戸学院大学出版会

はじめに

日本は、今も昔も大小さまざまな災害に見舞われてきた。ただ、多くの人は、それはどこの国でも同じようなものであろうと思い、半ば諦めて生きてきた。しかし、実際はそうではない。国連大学が毎年出している「ワールドリスク報告書」によると、日本は災害に遭いやすい国として、常に世界の上位（二〇一六年は四位、二〇一七年四位、二〇一八年四位、二〇一九年九位、二〇二〇年は一〇位）にランキングされている。これは、先進国のなかでは群を抜いている。もう少し詳しく見ると、二〇二〇年のデータでは、世界一八一か国中、日本は災害に遭いやすい国の上から一〇位なのに対して、アメリカは九一位、イギリスは九七位、ドイツは一一九位、フランスに至っては一四〇位と、日本に比べて西欧諸国は災害に遭うこと自体が非常に少ないのである。また、同じアジアの中国も日本に比べれば相当低く、七八位である。

日本は、気候も地形も変化に富んだ美しい国であるが、同時に世界でも有数の災害多発国なのである。つまり、日本は自然災害に襲われやすく、その際の危険性も相当高いのである。その理由は、日本の地理的な位置と気候、地形などにある。

わが国は、ユーラシア大陸の東側に位置し、およそ東経一二〇度から一五〇度、北緯二〇度から四五度の間にある島国である。この位置は、温帯を中心に北は亜寒帯、南は亜熱帯まで過ごしやすい気候が広がっていて、夏は雨、冬は雪というように、年間を通して世界有数の降水量がある豊かな場所である。しかし、日本付近には、地球の表面を覆う十数枚のプレートのうち、ユーラシアプレート、北アメリカプレート、太平洋プレート、フィリピンプレートの四枚のプレートがあり、太平洋の方から日本に向かって動いているプレートがもぐりこんでいるため、その付近で強い力が働き多くの地震が起こるのである。したがって、世界で最も地震の発生しやすい場所のひとつで、世界全体で起こるマグニチュード六以上の大きな地震のうちの二〇パーセントが日本周辺で発生し、大きな被害を出している。また、世界の活火山の七パーセントにあたる一一一もの活火山があり、温泉などの多くの恵みを与えてくれるが、火山噴火による災害も多く起こる。さらに、日本列島は、南の海で発生する台風の進路にも重なっていて、毎年、多くの被害を受けている。また、日本は世界でも特に美しい四季がある。しかし、四季ごとに、それぞれ災害が起こってきた。たとえば、春から夏の変わり目の梅雨には、しばしば豪雨になる。また、夏から秋にかけて多くの台風が発生し、暴風雨をもたらす。冬は日本海側の地域で、豪雪による被害が多発している。

また、日本は四方を海に囲まれた島国であり、周りの海は暖流と寒流が豊かな漁場を作り出しており、多くの海の幸を与えてくれている。また、穏やかな海は、美しい景観を作り出し、海水浴や釣りなど、私たちに親しまれて来た。しかし、海は、多くの災害も引き起こす。時に暴風による高波や台風などの低気圧の影響による高潮が沿岸部に大きな被害を出し、地震に伴う津波によって町を壊滅させたりする。

内陸に目を向けると、日本の国土の約四分の三は山地である。日本列島は背骨のような山脈や山地が連なっていて、特に本州の中央部は標高三〇〇〇メートル級の山脈が連なっており「日本の屋根」と呼ばれている。山は木々に覆われおり、多くの木材が産出される。しかし、険しい山は、大雨が降ると「地すべり」や「がけ崩れ」、「土石流」などの被害をもたらす。そして、その山からは、多くの川が流れ、私たちの生活に欠かせない飲み水や農業用水の水源となっている。しかし、日本の川は、長さが短く、高低差が大きく、流れが速いのが特徴である。たとえば、日本で一番長い信濃川は、三六七キロメートルである。それに対して、世界で一番長いナイル川は六六五〇キロメートルで、信濃川の約一八倍もある。したがって、大雨が降った時に、日本の川は一気に水かさが増し、激流となった水が堤防を超え、あるいは堤防を壊わすことで洪水が起きるのである。

しかし、学校の社会の授業において、あるいは日本史の授業において、災害についてはほとんど習ってこなかった。なにより、日本の歴史書には、災害のことはほとんど扱われていない。大規模な災害なら、それだけで何万人と人が死に、いくつもの町が壊滅するのである。また、災害を被った後、人々が苦難を乗り越えて、復旧・復興を成し遂げて営々と歴史を刻んできた。その延長上に私たちが今生きているのにも関わらず、災害は歴史のなかから葬り去られてきたのである。しかし、この幾多の災害からの復旧・復興の過程こそが、私たち日本人の文化や思想の形成にかかわっているはずであり、そのことを抜きにしては日本や日本人を語ることはできないのではないだろうか。

そして、なにより重要なことが、過去の災害を知ることで、これからの災害に対応していく術を得ることができるのである。もう少し普遍的にいえば、私たち人間は、過去を知ることで未来を切り開くことができるのであり、今までの歴史がそれを証明している。

このことについて、少し述べてみよう。私たちが未来を予想し、作り上げて行くためには、過去が必要である。どういうことかといえば、私たちはもちろん現在に生きている。今、この瞬間、息をしているし、本を読んでいるかもしれない。そして、次の瞬間、食事をしているかもしれないし、スマートフォンで会話しているかもしれない。つまり、今の連続を生きているのである。しかし、同時に私たちは過去にも未来にも生きている。過去の知識や経験に基づいて生きており、未来に向かっても生きている。たとえば、次は何の季節が来るかわかっている、いや予測できる。それは、大昔の人が繰り返す自然の変化から法則性を見出し、四季という概念を創りだした。それに基づいて私たちは次の季節を予測しているのである。つまり、過去をもとに未来という概念を持ち、その中身を思い描き、それに従ったり、実現させようと目標をかかげて努力してきたのである。

そのように考えると、過去にどのような天変地異と被害があり、その時、私たちの祖先はどのように考え、どのように対応したのか、ということを知ることは、今を生きる私たちがこれから起こるであろう災害を予測し、それに対してどのような考えをもって対処していくかを検討するために必要不可欠な情報なのである。地震や火山噴火、台風など、これから起こるであろう天変地異そのものは、人間にはコントロールできない自然の脅威であるが、その未来の天変地異に備え、起きた時にどのように対応するかによって、その天変地異で引き起こされる被害を大きくも小さくもできるのである。つまり、未来は変えられるのである。ここに災害の歴史と思想を知る意義があるのだ。

ところで、本書では、あえて私の能力を超える作業を行った。どういうことかというと古代から現代までの災害の歴史を通覧しようと試みたのである。なぜ、通史が必要なのかといえば、災害という観点から日本・日本人の有史時代をひとまとまりに眺めることで、おおざっぱではあるが長い過去を知ることができるからである。過去が長いと見通せる未来も長くなる。災害は短いスパンで見ると起こる可能性が低くなり、備えを怠ることになる。長いスパンで見ることで、災害への備えの重要性がわかるのである。

本書の目論みは、日本の災害の歴史、その時々の思想を知ることだけでなく、将来起こるであろう天変地異の際の被害を最小限に押さえ、少しでも明るい未来を創り出すための一助となることである。

前林清和

凡例

一、年代は、古代、中世、近世、つまり江戸時代までは、旧暦による。近代、現代は現在と同じ太陽暦で記している。

二、引用が、漢文・古文の場合は、原則として筆者が現代語訳をして掲載した。ただし、短い場合は、原文あるいは読み下し文の直後に解説を加えた。

三、本書で扱う災害は、一般的な自然災害だけでなく、飢饉、感染症、火事も含めて、人間や社会に対して大きな被害をおよぼした事象を広く扱った。

目次

第四章　近代

第五章　現代

第一章

古代

第一節　古代という時代と災害

わが国おいての時代区分は様々な説があり、確定していないが、ここでは古代を古墳時代と飛鳥時代、奈良時代、平安時代中期頃までとする。古墳時代は、古墳、特に前方後円墳が盛んに造られた時代のことであり、文献上の時代区分である「大和時代」とほぼ重なる。時期的には、三世紀半ば過ぎから七世紀頃までを指すことが多い。古墳時代に続くのが、飛鳥時代である。この時代は、飛鳥に宮都が置かれていた五九二年（崇峻天皇五年）から七一〇年（和銅三年）の一一八年間を指す。奈良時代は、奈良の平城京に都が置かれた七一〇年（和銅三年）から七九四年（延暦十三年）までの八四年間である。古代は、平安時代中期までとするが、桓武天皇が平安京に都を移した七九四年から藤原家の摂関政治が衰えた十一世紀後半頃までをいう。

わが国は、古くから地震や津波、火山噴火、台風、雷などによる多くの災害に見舞われてきた。ここでは、古代という歴史の流れのなかで、古代に編纂された史書や日記などに記された災害の記録からその全体像を浮かび上がらせてみよう。周知のとおり、古代日本が律令国家として成立するとまもなく国家事業として正史の編纂が行われた。そのなかで現存する最も古いものが『日本書紀』である。この『日本書紀』を皮切りに、『続日本紀』、『日本後紀』、『続日本後紀』、『日本文徳天皇実録』、『日本三代実録』の六つの史書、いわゆる六国史が編纂された。しかし、その後、正史は作られないまま現在に至っている。したがって、古代の災害の記録を六国史を中心に紐解いてみよう。

一、古墳・飛鳥時代

一世紀頃に中国から漢字が記載されて金印や金銭、銅銭が入ってきており、五世紀には日本で作られた銅剣や銅鏡に漢字が書かれていたので古墳時代に日本に漢字は存在していた。しかし、漢字を読み書きできる人が増え始めたのは儒教や仏教、道教が入ってきた六世紀から七世紀になってからである。したがって、書物が書かれるようになったのは六、七世紀頃からであり、現在残っている最も古い歴史書は「記紀」、つまり『古事記』（七一二年）『日本書紀』（七二〇年）である。この「記紀」を見ることで、古墳・飛鳥時代のことも知ることができる。ただし、時代をさかのぼるほど信憑性は低くなる。

古墳時代は、大和朝廷が日本国家の統一をなした時代である。多くの大型古墳が造られ、鉄器の普及と農耕生産の向上に伴い社会的身分の差が生じた。王権をめぐって争いが絶えなかった。特に六世紀末の仏教をめぐる蘇我氏と物部氏の二大豪族間による争いは激しく、蘇我氏の勝利をもって豪族対立の時代はようやく終わりを告げた。

飛鳥時代は、聖徳太子の登場で秩序ある国家への道が開かれ、天皇中心の律令国家が築かれた。仏教伝来に伴い、新しい文化、政治、経済、社会に大変革が試みられ、大和政権が豪族の連合政権から天皇制律令国家を実現し、日本国が誕生した時代といえる。

ところで、『日本書紀』とそれに続く『続日本紀』を見ると、古墳・飛鳥時代における地震に関する記録が少なくとも二七回あり、その他洪水や噴火などの記録も見られる。

そのなかで、地震についてのはじめての記録が、『日本書紀』の四一六年（允恭天皇五年）七月十四日の項にある。「五年の秋七月十四日、地震があった。」である。

この時代は、日本では歴史を記録するという修史事業が行われていない時代であり、また『日本書紀』が編纂さ

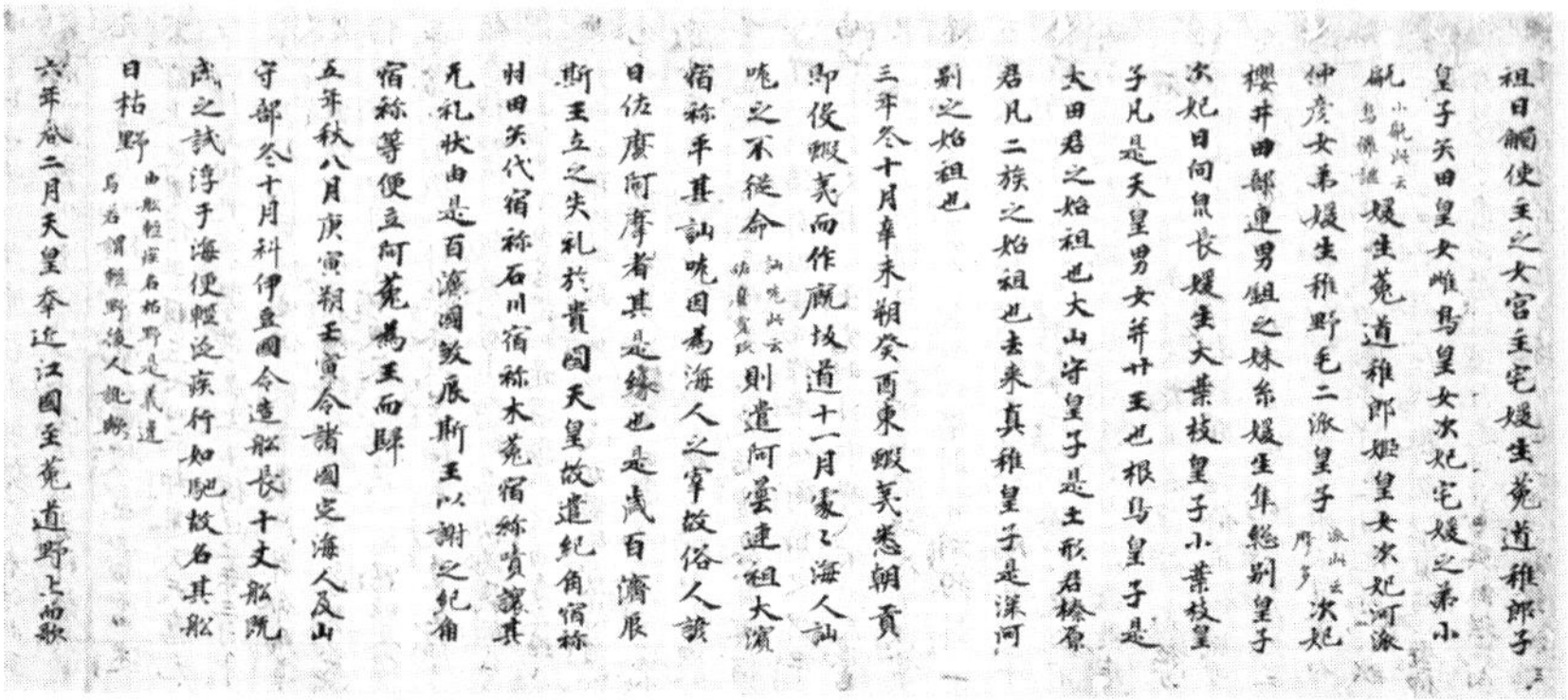
祖日觸使主之女宮主宅媛生菟道稚郎子
皇子矢田皇女雌鳥皇女次妃宅媛之弟小
甂小甂此云烏權儺媛生菟道稚郎姫皇女次妃河派
仲彦女弟媛生稚野毛二派皇子派此云摩多次妃
櫻井田部連男鉏之妹糸媛生隼總別皇子
次妃日向泉長媛生大葉枝皇子小葉枝皇
子凡是天皇男女并廿王也根鳥皇子是
大田君之始祖也大山守皇子是土形君榛原
君凡二族之始祖也去來真稚皇子是深河
別之始祖也
三年冬十月辛未朔癸酉東蝦夷悉朝貢
即役蝦夷而作厩坂道十一月處處海人訕
哤之不從命訕哤此云佐麼麼稽則遣阿曇連祖大濱
宿禰平其訕哤因為海人之宰故俗人諺
日佐麼阿摩者其是緣也是歲百濟辰
斯王立之失禮於貴國天皇故遣紀角宿禰
羽田矢代宿禰石川宿禰木菟宿禰嘖讓其
无禮狀由是百濟國殺辰斯王以謝之紀角
宿禰等便立阿花為王而歸
五年秋八月庚寅朔壬寅令諸國定海人及山
守部冬十月科伊豆國令造船長十丈船既
成之試浮于海便輕泛疾行如馳故名其船
日枯野由船輕疾名枯野是義違焉若謂輕野後人訛歟
六年春二月天皇幸近江國至菟道野上而歌

写真１　『日本書紀』（巻第十残巻）　奈良国立博物館蔵

れた七世紀末から八世紀初頭の三百年近く前の話なので、その信憑性は高くないが、「地震」という文字がこの時、初めて見られる。

また、『日本書紀』の五六七年（欽明天皇二十八年）の項に、「国々に大水が出て、多くの人が餓えて、人が人を喰うことがあった。近くの郡の穀物を運んで、お互い助け合うこともした」とある。この記録は、水害の記録としては初めてであろう。また、災害時の助け合いについての記録としても初見と思われる。

飛鳥時代に入ると信憑性の高い具体的な記述が見られるようになる。五九九年（推古天皇七年）夏四月二十七日の記述には、「地震が起きて舎屋がことごとく倒壊した。したがって、全国に命令して地震の神を祭らせた。」（『日本書紀』）とあり、地震による被害状況が記されている。また、地震の原因として「地震の神」をあげ、それを祭るように全国に指示を出している。推古天皇の時代は現存はしていないが、『天皇記』や『国記』などの国史が編纂されはじめた時期であり、この記事も信憑性があると思われる。

次に、六七九年（天武天皇七年）十二月には、

十二月二十七日、花鶏が空を覆って、西南から東北に飛んだ。この月に、筑紫國で大きな地震が起こった。地面が広さ二丈、長さ

三千余丈にわたって裂けて、民家が村ごとに多く倒壊した。この時に、丘にある一軒の民家が地震のあった夜に丘が崩れて移動した。しかし、家は全く壊れずに、住民は丘が崩れて家が移動したことに気づかないで、朝になって知って大変驚いた。(『日本書紀』)

と記されている。この地震は、『豊後国風土記』にも記されている。

飛鳥の浄御原の宮で天下をお治めになった天皇(天武天皇)の御世、戊寅の年に、大きな地震で揺れて、山も岡も裂けて崩れた。この山の谷間は崩れ落ち、怒り狂った泉が、あちらこちらに吹き出した。湯の気は盛んで熱く、飯を炊くのに使えば早く炊き上がる。ただ、一所の湯は、その穴が井に似ている。穴の口の直径は約三メートル余り、深いか浅いかわからない。水の色は濃い藍色のようであり、いつも流れてはいない。人の声を聞くと、驚き怒って泥を噴き騰げること、約三メートルほどである。今、いかり湯というのは、これである。

これらの記述を見ると、筑紫で幅六メートル長さ一〇キロの地割れがあり、山体崩壊の可能性もあるほどの相当激しい地震であった。なお、寒川旭氏によると一九八八年以降の久留米市教育委員会などの発掘調査で、この地震の痕跡が見つかり、実際に起こったことがわかっている。

さらに、次節で詳しく述べるが、六八四年(天武天皇十三年)には、いわゆる南海トラフ巨大地震と考えられる白鳳地震が起き、その一七年後には「大宝地震」(七〇一年)と呼ばれる大地震が近畿地方北部で発生した。

二、奈良時代

奈良時代は、遷都の九年前の七〇一年(大宝元年)に完成した大宝律令の律令制に基づく中央集権の国家体制が整備され充実した。多くの寺院が建てられ、仏教を中心とする貴族文化が栄えた。また、遣唐使も再開し、海外の文物も多数日本に輸入された。ある意味、奈良時代は古代国家の黄金時代と呼ばれる。聖武天皇の天平時代は、「天平文化」といわれ、東大寺や大仏が作られた。

一方、飢饉が続いたり、天然痘などの感染症が流行したりして、多くの農民は貧困に喘ぎ浮浪者が続出した。藤原広嗣の乱も起き、社会情勢は不安定になった。

このため奈良時代中期には公地公民の制度も動揺し始め、律令体制が崩れだした。奈良時代後期には、橘奈良麻呂の変や藤原仲麻呂の乱などの政変が相次いで起こり、僧道鏡による僧侶政治が行われるなど混乱を極めた。桓武天皇は、七八四年に都を平城から長岡京に移した。

奈良時代も地震が頻発した時代であり、『続日本紀』を紐解くと、八四年間の間に、地震の記述が七〇回近くにおよぶ。そのなかで、特筆すべき地震は、聖武天皇の時代の七三四年（天平六年）に、近畿地方で起きた大地震である。さらに、天平年間はよく地震が起き、七四二年（天平一四年）には鹿児島で大きな地震があった。三年後の七四五年（天平十七年）には美濃で大地震が起こった。

三、平安時代中期まで

七九四年（延暦十三年）桓武天皇が平安京へ移り、約百年は天皇の親政が続いた。この頃はまだ遣唐使が続いていたこともあり、中国の影響を強く受けた弘仁・貞観《じょうかん》文化が生まれ、宗教界では遣唐使で派遣された最澄・空海によって天台宗と真言宗が開かれた。

九世紀になると富士山の噴火が続いた。八〇〇年（延暦十九年）と二年後の八〇二年（延暦二十一年）に噴火が連続した。さらに、八六四年（貞観六年）に大噴火が起こった。そして、その五年後の八六九年（貞観十一年）に巨大地震とそれに伴う大津波が陸奥の国を襲ったのである。貞観地震である。八八七年（仁和三年）には、南海トラフ沿いを震源とする「仁和地震」が起き、大津波が太平洋沿岸を襲い、大きな被害を出した。その前後年には、全国各地で別の大地震も頻発している。

中期は，藤原氏が摂関政治を行った時期で，藤原氏は天皇幼少のときには摂政，天皇成人の後には関白となり政治を独占した。他の貴族を排斥し，一家の繁栄をはかるのみであったため政治は停滞した。特に藤原道長は栄華を極めたが、道長が没した後は藤原家の勢威は急速に弱まった。その後、前九年の役（一〇五一年）・後三年の役（一〇八三年）など、武士の活躍が始まり、それから平安末期の源平時代へと進んでいく。

文化の面では、菅原道真の献言によって遣唐使が八九四年に廃止されてから、日本独自の文化が熟成していく国風文化の時代である。仮名の成立によって、和歌をはじめ『枕草子』や『源氏物語』などの最高級の文学作品が生まれた。一方で仏教の「末法思想」も広く信じられるようになった。

この時期の災害としては、九三八年に京都や紀伊で地震があり、また九七六年にも山城や近江で地震が起こり、多くの仏閣が被害を受けた。

第二節　古代の主な災害

一、白鳳地震

この時代で最も大きな地震が、六八四年（天武十三年）に起きた。いわゆる「白鳳地震」といわれる地震で、白鳳文化が華やかな時代に起こった。この巨大地震は、海溝型の地震で南海トラフ沿いを震源地とする南海トラフ巨大地震の初見と考えられており、『理科年表』によるとマグニチュードは、推定八・二五程度とされている。

『日本書紀』天武天皇十三年冬十月の項に次のようにある。

十四日、夜の十一時頃に大地震があった。国中の男女が叫びあって逃げ惑った。山は崩れ川は氾濫した。諸国の郡官舎や農民の家や倉、寺や神社が破壊されその数は数えられないほど多かった。人間や家畜の多くが死傷した。伊予の国の温泉が埋もれて湯が出なくなった。土佐の国の約十二平方キロメートルが海になった。

老人は、「このような地震は今までになかった」と言った。

と、四国の被害状況が記されている。

さらに、これに関連して、天武天皇十三年十一月の三日の項には、「土佐の国の国司が『高潮が押し寄せ、海水がわき返り、調税を運ぶ船が多く流失した』と報告した。」とある。また、『熊野年代記』には、次のようにある。

四十代天武天皇十三年（中略）熊野のいたるところに津波が押し寄せた。天皇は男女に衣服を与えるように詔を出した。神は移動に島を造った。十月十四日に大地震が起こった。十四日に熊野三山大破したので修理代として金が出たので神輿を飾った。

この白鳳地震は、広範囲にわたり、あらゆる建物を倒壊させ、大津波が押し寄せ、川が氾濫した。また、伊予では温泉が枯れ、土佐では一二平方キロメートルの土地が地盤沈下、あるいは液状化によって海になったという。

二、大宝地震

飛鳥時代の末期に日本海側でも大きな地震が起きた。大宝地震である。この地震は、七〇一年（大宝元年）に近畿地方北部で発生した。震源ははっきりとはわかっていないが、現在の京都府の日本海側の地域に地震や津波の伝承が残っている。

まず、『続日本紀』の七〇一年（大宝元年）三月二十六日の項に「丹波国で地震があり三日間続いた」とある。次に、『丹後風土記残欠』には、「大宝元年三月己亥　地震が三日続いて、この郷は一夜にして蒼海となった。漸くわずかに郷中の高山二峯と立神岩とが海上に出ている。」とあり、さらに、『縁城寺年代記』にも「大宝元年三月二十一日《ママ》、三月に大地震が三日続き、加佐郡が大半海になった」と記されている。

また、舞鶴近辺では、津波が押し寄せたという伝説が各地に残っており、津波を伴い大規模な地盤沈下も起きた大規模な地震であったようである。ただ、史料の信憑性なども疑わしく確定はできない。

三、畿内七道地震

『続日本紀』の七三四年（天平六年）夏四月の項には、

四月七日、大地震が起こり人々の家が壊れた。圧死した者が多かった。山は崩れ川は塞がって、地割れが至る所で起こり数えきれないほどであった。

とあり、相当広範囲にわたり大きな被害が出たようである。

その後も天平年間は、地震が頻繁に続き、七四二年（天平一四年）十一月二十三日には、「今月二十三日の未の刻から二十八日まで、空中で太鼓のような音がして、野原にいる雉が驚き、地面が大きく揺れ動いた。」とある。

さらに、七四五年（天平十七年）四月二十七日には、「この日、一晩中、地震があり、三昼夜続いた。美濃の国では国衙の櫓や館、正倉、寺院のお堂や塔、人々の家屋が被害を受け、少しでも触ると崩壊した。」と、記されており、余震と思われる揺れが五月末までに一二回も続き、「この時の地震の多発は異常であり、何度も地面に亀裂が生じて、そこから泉水が湧き出した。」とある。さらに、九月初めころまで五回、余震が起こっている。

四、延暦大噴火・貞観大噴火

富士山は、三百年以上、噴火していないが、それまで噴火を繰り返してきた。噴火の記録は諸説あるが、古代の間に少なくとも七回は噴火を繰り返しており、特に平安時代は六回噴火している。

富士山の噴火の初見は七八一年で、『続日本紀』の七八一年（天応元年）七月六日の項に、「駿河国が『富士山の麓に灰が降って、灰のかかったところは木の葉が萎えしおれました』と言上した。」とあるが、詳しいことは書かれていない。

（一）延暦大噴火

『日本紀略』の八〇〇年（延暦十九年）六月六日の記事には、「駿河国が次のように言上してきた。去る三月十四日から四月十八日まで、富士山の頂上が噴火し、昼は噴煙であたりが暗く、夜は火光が天を照らすようになりました。噴火の爆発音は雷鳴のようであり、雨のように灰が降り、山の麓の川の水はみな紅色となりました。」とある。また、二年後の八〇二年（延暦二十一年）一月八日にも「本日、天皇が次のように勅した。駿河、相模両国が駿河国の富士山が昼夜を分かたずあかあかと焼け、霰のような砂礫を降らしている。と言ってきた。これを卜ってみると、日照りと疫病の兆しだという。両国に命じて神の怒りを宥めて読経を行い、災いを払うようにせよ。」とある。（『日本後紀』逸文』）

（二）貞観大噴火

八六四年（貞観六年）に大噴火が起こった。『日本三代実録』の五月二十五日の記述に、駿河国の報告として、「富士郡の正三位浅間大神大山（富士山）が噴火した。その勢いは甚だ熾烈で、一里から二里四方ほどの山を焼いた火炎は二〇丈あまりの高さにおよび、雷があり、大地震が三度起きた。十日あまり経っても、火の勢いは猶も衰えず、岩を焦がし峰を崩し、砂礫が雨のように降り、煙や雲が鬱々と立ち込め、人は近づくことができない。富士山の西北にある本栖湖に焼けた岩石が流れ湖を埋めた。焼け石は長さ三〇里あまり、幅が三から四里あまり、高さが二から三丈あまりにもなり、遂に火は甲斐国との境に達した。」とある。

さらに、七月十七日の記事には、甲斐国の報告として、「駿河国の富士山が大噴火した。丘を砕き峰を焼き、草木は焦熱し、土を融かし石が流れて、八代郡の本栖湖と剗《せ》の海を共に埋めた。湖水は熱湯になり、魚や亀は全て死んでしまった。民家は湖と共に埋まり、残った家にも人は無く、その数は記すこともできない。二つの湖の東に湖がある。その名前は河口湖であるが、火はこの方角にも向かっている。本栖湖と剗の海が焼け埋まる前に大地震があり、雷と豪雨があり、雲や霧で暗闇に包まれ、山と野の区別も難しくなった。しかる後に、この災害が起きたのだ。」とある。

五、貞観地震

『日本三代実録』には、八六九年（貞観十一年）五月二十六日の項に、

五月二十六日、陸奥の国で大地震が起きた。流光が昼のように光り、人々は叫び、地面に伏して起き上がることができなかった。ある者は家の下敷きになり、ある者は割けた地面に呑み込まれた。馬や牛は驚いて走りまわりお互い踏み合った。城郭、倉、門櫓や墻壁が崩れたが、その数は数えきれないほどであった。雷

鳴のような海鳴りが聞こえて潮が湧きあがり、荒れ狂う大波が川を逆流し津波（海嘯）が長く連なって押し寄せ、たちまち多賀城下に達した。海から数十、百里の先まで果も知れず水となり、野原も道も大海原となった。船に乗って逃げる暇もなく、山に登って避難することもできなかった。城下では千人ほどが溺れ死に、人々の資産も稲の苗も、ほとんど何もなくなった。

とある。地震の規模は、『理科年表』によるとマグニチュード八・三と推定されている。大規模な被害を出した大きな地震で、大津波が川を逆流して広範囲に浸水し、多くの溺死者が出たことがよくわかる。この地震は、陸奥の国の太平洋沖の海底、つまり日本海溝あたりを震源域とした大津波を伴った地震である。これは、東北地方太平洋沖地震（東日本大震災）と同じような、周期的に起こる三陸沖地震と考えられる。

貞観地震は、東日本大震災以降、注目を浴びるようになった。どういうことかといえば、この千年以上前の地震こそが、東日本大震災と同規模の地震であったと考えられているのである。しかも、この地震の存在は東日本大震災以前から知られており、複数の研究者から警鐘が鳴らされていたにも関わらず、ほとんど無視されていたという経緯がある。

六、仁和地震

仁和地震は、南海トラフ沿いで起きた海溝型の巨大地震であり、大津波を伴い大きな被害を出した。

『日本三代実録』の八八七年（仁和三年）七月三十日の項に、次のようにある。

三十日、申の時、大地震が起こった。数時間過ぎても地震は止まらなかった。天皇は仁寿傳を出て、紫宸殿の南庭におられた。大蔵省に命じて七丈のテントを二つ建て御在所とされた。諸司倉屋や東西京の廬舎、ほとんどが倒壊した。圧死の者が多く、失神したり急死する者がいた。亥の時、また三度地震があった。五畿内七道において同じ日に地震があった。官舎の多くが潰れ、海の水は陸に勢いよく満ち溢れ（津波）、溺死する者は数えられないほどであった。そのなかでも摂津国が最も被害が大きく、夜中にもいたるところで叫び声が上がり、雷のようであった。

その後も、八月の間に記録に残るだけでも二四回、余震が起きている。また、京都では諸司の舎屋や民家の多くが倒壊して死者を出し、五畿七道諸国に渡る官舎の崩壊や津波による多数の溺死者が出ている。さらに、大阪湾でも大津波があったことが記録されており、四国沖・紀伊水道沖を震源とするいわゆる南海地震であったことが推測される。地震の規模は、『理科年表』によると八・〇から八・五と推定されている。

この地震については、二〇一九年の国立研究開発法人 産業技術総合研究所の調査によって、静岡県西部の太田川低地から七世紀末と九世紀末の津波堆積物が発見され、歴史記録上未確認であった二回の東海地震の発生が確認された。南海地震が六八四年と八八七年に発生したことは歴史記録にあるが、同時代の東海地震については確実な歴史記録がなかったのである。特に、八八七年の南海地震では東海地域も含む広い範囲で強い揺れを感じたという記録があり、今回の津波堆積物の発見により東海地震も同時に発生したことが確認されたのである。

第三節　地震と天皇

わが国においては、地震と天皇は切っても切れない関係にある。どういうことかといえば、奈良時代から平安時代にかけて、天皇の治世の良し悪しが地震の発生と直結していると考えられていたからである。これを天譴《てんけん》論という。

天譴論は、もともと中国から伝わった思想である。

中国では、古来、天と人は一体であるという思想が、あるいはそうあるべきだという考えがあり、それを「天人合一論」という。特に、漢代の儒教では、自然現象と人間の行いとの間に因果関係や感応があるとされる天人感応説が流行った。そして、政治においては、その良し悪しが天に感応して天変地異として現れると説かれた。漢の景帝、武帝時代の儒学者である董仲舒《とうちゅうじょ》は、この天人感応説に基づき、災異説を見出した。災異説とは、地上に事変が発生する場合には、かならずその前に天が何らかの災異を予兆として示しているという理論である。そして、国が政治を失敗したら、天がまず災を降して譴告《けんこく》し、それでも改められなければ天は異を出して威嚇し、さらに改善されなければ滅ぼすとする、というものである。ここでいう災異の「災」は小さな禍であり、「異」は大きな禍である。

この災異説は、古代の日本に儒教とともに入ってきた天人感応説の一環として、律令制が整うなかで、次第に導入されるようになり、遅くとも奈良時代には天皇に大きく影響をおよぼすようになった。したがって、それ以前の飛鳥時代には、先に見たように推古天皇の時に地震があった際には、「全国に命令して地震の神を祭らせた。」とされており、地震と天皇との関係は述べず、地震の神を鎮めるために祭らせたとしか記していない。それに対して、奈良時代に入る直前の七〇五年（慶雲二年）四月三日の記事に文武天皇が、次のような詔を出している。

朕は徳の薄い身でありながら、王公の上に位置しており、天を感動させる徳もなく、人民のための仁政もできない。そのため陰陽の調和が崩れ天候が悪くなり穀物が採れなくなって庶民は飢えに苦しんでいる。（『続日本紀』）

そして、五大寺に読経させるとともに、庶民のための救済を行うことを表明している。

次に、地震を含む災害に対しての災異思想、天譴思想に基づく詔は、奈良時代に入った七二〇年（養老五年）二月十六日に元正天皇が行っている。これ以降、奈良時代から平安時代の前期まで、地震を中心とした大災害時に天皇による災異説・天譴思想に基づく詔が出されるようになった。

ここからは、特に、天譴論に基づいて、災害時に詔を多く出した、聖武天皇、嵯峨天皇、淳和天皇、清和天皇について詳しく見ていく。

（一）**聖武天皇〈第四十五代天皇〈在位七二四年〜七四九年〉**

周知のとおり、聖武天皇は仏教を信仰し、諸国に国分寺と国分尼寺を建て、奈良に東大寺を建立し、大仏を造立したことで有名である。仏教の興隆とともに美術工芸が発達して天平文化を生んだ。ただ、一連の大事業や遷都を行うために莫大な費用を要したので国家財政は困窮し、また蘇我蝦夷《そがのえみし》の乱や長屋王の変など政情が安定しない状況が続いた。

そのようななか、先に見たように七三四年「畿内七道地震」が起こり、多くの被害が出た。その際の聖武天皇の対応が、『続日本紀』に記されている。

聖武天皇は、「四月十二日、使者を全国の諸国に遣わして、被災した神社を調査させた。」とあり、そして、四月十七日に、次のように命令した。

今月七日の地震は尋常ではなかった。おそらく御陵に被害をあたえているだろう。諸王や真人たちに技術者の一人を加えて、天皇陵八か所と功績のあった王の墓を調査させた。

また、次のようにも述べられた。

地震の災害はおそらく政治に欠陥があったことによるものであろう。そこで諸官司は職務をよく勤め治めるよう。今後もし改め励まなければ、官位を下げることになろう。

まず、聖武天皇はこの地震が尋常ではないとして、全国の神社や御陵の被害調査を命じたうえで、この地震が政治の欠陥によるものと捉え、各官僚に一層の勤めを命じている。さらに、四月二十一日に、「使者を京都と畿内に派遣して、百姓らの悩み苦しみどころを聞かせた。」そして、天皇は次のように命令した。

この頃の天地の災いは異常である。思うに、これは私が人々を可愛がって育てることを欠かしていたからであろう。そのために今、使者を派遣して悩み苦しみを聞きに行かせている。私の心を理解するように。諸道の節度使は任務を終えたので、国司の主典以上の者に管轄させた。

さらに、その年の七月十二日、次のように詔した。

朕が民を治めるようになってから何年か経った。しかし、自分の徳化が行き届かず、罪を犯す者の牢獄は空になっていない。寝ることを忘れてこのことについて憂いている。このところ天変がよく起こり、地震がしばし起こるのは、朕の訓導が不明なためで、多くの民を罪に落とすことになった。その責任は自分一人にあり、諸々の庶民の関するところではない。そこで寛大な政治を行い、人々の長寿を全うさせたい。そのために犯した罪を赦し、自分の力で更生することを許す。天下に大赦を行う。

天皇は、今回の地震被害は自分の政治力のなさであり、その責任は自分ひとりにあると明言し、罪人が多く出るのも自分の徳化が行き届かないからであるとし、大赦を実施している。これらの一連の発言や行動は、まさに天譴論に基づくものである。

（二）嵯峨天皇（第五十二代天皇〈在位八〇九年～八二三年〉）

『日本後紀』（逸文）の八一八年（弘仁九年）七月の記事に、

今月、相模・武蔵・下総・常陸・上野・下野等の国で、地震があった。山が崩れて谷が数里も埋まり、圧死した百姓は数えきれないほどであった。

とある。これは、後に弘仁地震といわれる大地震であり、内陸型の地震である。その被害は関東全域におよび、各地で地割れや洪水、液状化現象が起こり、多くの建物が破壊されたようである。その状況は、遺跡の発掘により相当具体的にわかっている。

これに対して、天皇は、八月十九日に使者を諸国へ派遣して、地震の被害を巡視させ、被害者に対して物を恵み与えることにした。そして、天皇は次のように詔した。

朕は、才能がないのに、謹んで皇位につき、民を愛して育てようという気持ちはわずかの間も忘れたことはない。しかし、徳化はおよばず、政治は盛んにならず、ここに至り、甚だしい咎めを受けてしまった。

ここでは、自分は努力してきたが能力が足りないため政治がうまくいかずこのような地震が起きてしまったと述べており、まさに災異説に基づいた言説である。そして、「これによる人民の苦悩は朕の責任であり、徳が薄く、厚かましい自らを天下に恥じるしだいである。」と言うように、まさに自責の念を語っており、天譴論の典型とみることが出来よう。そして、それを前提として、天皇は次のように庶民に救済を実施している。

そこで、使者を派遣して慰問しようと思う。地震や水害により住居や生業を失った者には、使者らが現地の役人と調査したうえで、今年の租調を免除し、公民・俘囚を問うことなく、正税を財源に恵み与え、建物の修復を援助し、飢えと露宿生活を免れるようにせよ。圧死者は速やかに収め葬り、できるだけ悲しみ恵みを垂れる気持ちで接し、朕の人民を思う気持ちに副うようにせよ。

つまり、被災した者に対して、税金免除し、差別なく金銭を支援し、住宅の修復を援助して路頭に迷うことがないようにし、死者を速やかに埋葬し、庶民の悲しみに寄り添うようにして天皇の気持ちを表すように使者に命令している。

（三）**淳和天皇〈第五三代天皇〈在位八二三年〜八三三年〉**

八二七年（天長四年）七月十二日、平城京から平安京に遷都（七九四年）して以来の大きな地震が起きた。京都群発地震である。

『日本後紀』には、

大地震があり、多くの建物が倒れた。一日のうちに大きな揺れが一度、小さな揺れが七、八度起こった。

七月以来、余震は続き翌年六月まで記録にあるだけでも六〇回も起こった。

その間、十二月十四日には、「地震を止めるために、清行の僧百人を大極殿に呼んで三日間『大般若経』を転読させた」のである。それでも、一向に収まらない地震に八二八年、淳和天皇は詔を出した。

近頃、大地が乱れて山が崩れ、地震が起きている。災害はひとりでに起こるものではない。咎めは人に原因するものだ。その原因は政治が原則に背いているからである。この過ちの責任は朕にある。

と述べている。ここで注目すべきは、災害は自然に起こるものではなく天皇の過ちによるものであり、その責任は天皇にあると自身が述べている点である。まさに、災異説に基づく天譴の思想がここにはある。また、仏教の僧にお経を転読させて地震を止めようとしているが、これはわが国独特のものと考えられ、聖武天皇以来、国家仏教が興隆し、災異と仏教思想がつながることで、神仏習合と相まって災異の際の祈祷などの行事が盛んになったと考えられる。

話を元に戻そう。天皇は、自分の責任の償いとして、

無実の罪で牢獄につながれている人がいないか調査するように命じ、老人の役務を免除し、六十一歳以上

の老人は課税を免除して、八十歳以上等の生活困窮者には物を与えるようにしなさい。

と命令している。ここで行われている庶民への対応は地震の被害者への救済というよりも、社会全体に対する処置である。しかし、京都の地震が終息しないうちに八三〇年一月三日にも秋田県で、天長地震が起きた。この地震を受けて天皇は再び詔を出し、被災者には、今年の税の免除、朝廷に従属するかどうかは問わずに、食糧を与え、住居などの再建支援を行うとした。

このように、淳和天皇は、一切の責任は自分にあるとして仁政を行い、地震を鎮めようとしたのである。

（四）清和天皇（第五六代天皇、在位八五八年～八七六年）

清和天皇は、わずか九歳で即位した幼帝である。清和天皇が二〇歳の時に、先に見た貞観地震が起こった。この時、天皇は、災異思想に基づいて詔を出している。その内容は、使者の派遣、被災者への救済、犠牲者の埋葬、被災者の税金免除、身寄りのない人への手厚い救済を表明している。

また、貞観地震の直後に肥後で起きた大風雨による水害の際にも、清和天皇は災異勅を出している。二十三日に、六〇人の僧侶を紫宸殿に招いて、三日間、大般若経を転読させた。この日、次のような詔をだされた。

災いは自然に起こるものではない。それが起きた原因がある。天譴には根拠がある。必ず悪政に対して応じているのである。聞くところによると肥後の国において豪雨によって洪水起こり、田園が水没し、村落も全滅してしまった。

つまり、天皇たる自分の悪政によって、天が戒めのために、この豪雨災害を引き起こしたのだというのである。まさに、天譴思想に基づいた勅である。

清和天皇は、貞観地震・津波や肥後の水害においても災異思想に基づく天譴に対処しようとしたのである。

以上、古代における地震に対する天皇の自責の詔とそれに対応する庶民への救済について見てきたが、それらは中国から輸入された災異思想に基づくものである。さらに、そこへ仏教思想が組み込まれ、神仏への祈願が行われた。このような天皇が自らを天譴の対象と捉え、災害の責任を表明するという行為は、わが国が律令国家として成立した頃から実質的に律令制度が終焉する間である。つまり、大宝律令が制定された八世紀の初めから実質的に律令制度が機能していたと思われる九世紀後半までの間、言い方を変えれば、天皇が政権をある程度握っていた時代に、災異思想に基づく仁政が行われていたということもできる。

また、このような災異思想は平安時代なっても踏襲されたが、律令政治の衰退で実質的な政権の座が天皇から藤原氏らの貴族に移り、形式化が進んだ宮廷社会において怨霊が災異を起すという怨霊信仰が出現した。そして、陰陽道がその災異を回避する手段と捉えられ、また神仏に対する祈願が盛んに行われるようになっていった。

第四節　地震と菅原道真

菅原道真（八四五年～九〇三年）は、合格祈願のためにお詣りに行く北野天満宮や太宰府天満宮をはじめ全国にある天満宮の祭神として有名であり、学問の神様として崇められてきたのだが、実は地震とも深い関係がある。

菅原道真は、平安時代の貴族であり、官僚であり、学者であり、政治家であり、死後は怨霊でもあった。右大臣として、醍醐天皇に仕え、遣唐使を廃止するなど日本文化の発展の基礎を築いたが、左大臣の藤原時平の陰謀によって無実の罪で、大宰府に左遷され失意のなかで亡くなったのである。その後京都では、多くの不幸が続くのだが、その原因は道真の怨霊による祟りだとされた。その祟りを鎮めるために祭神として北野天満宮に祭られ、学問の神として崇められてきたのである。
この道真は、実は地震と深く関係しているのである。しかも、それは二つある。

一、方略試

八七〇年（貞観十二年）、菅原道真は当時の高級官僚採用のための国家試験である方略試を受験した。この方略試は、超難関の試験で二三〇年間の内に六五人しか合格できなかったといわれる。この時の試験問題が、「氏族を明らかにす」と「地震を弁ず」であった。出題者は当時小内記であった都良香《みやこのよしか》で、道真の解答と共に良香の講評と採点結果も残されている（『菅家文草』巻八、『都文集』巻五）。

このうちの地震に関する問いは、

（一）自然は、沈静で従順に巡っている。なぜ、その本来の性質を変えるような地震が起きるのか

写真2　菅原道真銅像　　服部天満宮（筆者撮影）

（二）なぜ地震の震動や震音が遠方まで伝わるのか

（三）仏教における地震の六種類の震動とは何か、またそれと三因縁との区別はどのようなものなのか

というものである。

これらの問いに対しての道真の解答は、一連の文章のなかで答えられており、また難解な用語が多いが、主要部分を抜き出して、その内容を見てみよう。

（一）のなぜ地震が起きるのか

まず、地震の原因については、儒教の理論、道教の理論から論じている。

政治が、威勢に任せて五行を侮れば天地はその法を失い災いをなす。それ大地は三つの位を通じて一つの儀を得る。八卦でいう坤（大地）は徳の母で、すでに優れた働きをしている。動きは滑らかで静かで、義も素晴らしい。漢代に隴西《ろうせい》地方が地震に襲われ四百以上の家が倒壊した。河東に地震があって四九の郡が被害を受け憂いている。災害には原因があるはずである。傷害が起こるのは、無駄に起こるわけではない。

と述べている。つまり、自然は調和がとれていて、災害が起こることはないから、災害が起きるということは何らかの原因があるというのである。このあたりは易の自然観を前提としているが、災害が起こる原因として、次のように述べている。

『呂氏春秋』の十二紀が、其の令で春秋が混ざることを戒めたのもそのためであろう。箕子《きし》の『洪範九疇《こうはんきゅうちゅう》』、その教えは傲慢であることを述べる。火災は中傷によって発生し、風害も不当な刑罰から生まれる。─中略─のように神霊は決してへつらわず、天の鏡ははなはだ明らかなり、災害は君王への戒めなのである。

ここでは、君主が、間違った行いをした時に、天が君主を戒めるために災害を起すというのである。さらに、「魯の哀公《あいこう》の時に日食が無かったのは、天意としては戒めても有益でないと思ったからであろう。」と言う。つまり、魯の国の君主である哀公に日蝕という不吉なことが起こらなかったのは戒めても意味がないとあきらめたからである。このように、道真は、まず儒教の立場から、君主の政道の失敗によって災害や地震が起きるのだと説明している。これは、中国古代からある天譴論思想といえる。

次に、仏教と道教の視点から、

日至り泰山が崩れ、四方の川や谷は気が通って風が吹き荒れる。すなわち知ったのである。暗く荒れ果てた跡は、まさしく五大山の往復である。変動する間、あるいは六万年ごとに入れ替わり載せることで起きると答えている。この文章の風が吹き荒れることで泰山が崩れたり、五大山が動いたりするというところは、仏教的世界観に基づいた地震論といえる。つまり、仏教では、大地は水が拠り所となっていて、水は風を拠り所とし、風は空を拠り所としている。したがって、強風が吹くと水が揺れ動き、水が揺れ動くと大地が揺れる、すなわち地震が起きると考えられてきたのである。また、「五大山」については、それを五山と捉え、「六万年ごとに入れ替わり載せることで起きる」という部分と考え合わすと、道教的な世界観に基づいているともいえる。道教思想の書である『列子』には、波に従って移動してしまう巨大な五つの山を固定するために、天帝が五山を十五匹の巨大な亀の頭上に乗せ、入れ代わって三交代させることにし、六万年で一回りするようにさせたとある。そして、そのことで五つの山ははじめて一か所に止まっているようになったと記されているのだ。つまり、道真は、道教の教えに基づいて地震を説明しているのである。しかし、『列子』によると交代の時に地震が起こるとは述べておらず、交代の時に地面が揺れることで地震が起こるというのは道真の創作であろう。

(二) のなぜ地震動が遠くまで伝わるのか

地震動の伝播については、「鶴や雉は賢い鳥なので、雷を聞くと悲鳴をあげる。」と述べており、これは地震が伝わって行くことに重ね合わせていると考えられる。また、「昔から言われるように水の上に乗る地形には地脈がつながっている。すでに水の上に乗っているのであるから、流派に打ち寄せられ、安定していられるはずがない。」とあるが、これも地震動の伝播についての解答とみることもできる。先に見たように、仏教では大地は水が拠り所となっているという。それを元に考えれば、地面が水の上に乗っていて、しかも地脈でそれぞれの地形がつながっているから地震が起きると遠くまで揺れが広がっていくと解答していると考えられる。

（三）の仏教の地震の種類や因縁との関わり

道真は、次のように答えている。

遂に東が沸いて西が沈み、南が震動して北が沈むという輪転が起こり、六から三六の義をなす。あまねく踊りあまねく震え、あまねく動きあまねく揺れこのごとく分別して、上、中、下の各三つの義をなすに有り。

六震動の名前と三因縁の区別は「念仏三昧経」に詳しく、「大智度論」にも見える。

まず、地震の種類であるが、仏教では「六種震動」といって六つに分ける。『摩訶般若波羅蜜経』第一巻には、「六種震動、東踊西没、西踊東没、南踊北没、北踊南没、辺踊中没、中踊辺没」とある。つまり、六種類の震動とは、東が踊り西が沈む、西が踊り東が沈む、南が踊り北が沈む、北が踊り南が沈む、周辺が踊り中央が沈む、中央が踊り周辺が沈む、ということなのである。

また、『大智度論』巻八には、六種の動きについて次のようにある。

地動は上中下有り、下とは二種の動あり、あるいは東踊西没、あるいは南踊北没、あるいは辺中。中とは、四つある。あるいは東西南北、あるいは東西辺中、あるいは南北辺中。上とは六種の動あり、種々の因縁、地に大いに動させる。仏が阿難に告はく、八因八縁あって地に大動させるごとし。別に説あり。またある人がいうに四種の地動あり。火動、龍動、金翅鳥動、天王動なり。

つまり、地震には、上中下と大きさがあり、一番小さい「下」は二種類あるという。そして「中」は四種類、「上」は六種類というのである。ただ、ここでいう「種類」は先に見た「六種震動」、つまり「東踊西没、西踊東没、南踊北没、北踊南没、辺踊中没、中踊辺没」とは概念が違う。「六種震動」は震動の種類であるが、「六種動」は動く場所の種類である。まず、「下」の二種類は、「東西、西東、南北、北南、辺中、中辺」というように二つの場所が動くという意味で二種類、「中」の四種類は、「東西南北、東西辺中、南北辺中」というように四か所の場所が動くという意味で四種類、「上」は具体的には述べられていないが「東西南北辺中」という六か所の場所が動くという意味で六種類ということであろう。こう考えると、道真は、六震動についてその内容については答えていないが、唯一、「六から三六の義」と述べている意味が明らかになる。どういうことかといえば、「下」の六種類から「下」（六パターン）「中」（一四パターン）「上」（一二パターン）、および別説の四種類を足して三六種類ということになる。このように見てみると、道真の仏教における地震に関する理解は、相当深いものであったと考えられる。

二、『日本三代実録』と『類聚国史』に見られる地震の記事

菅原道真は、藤原時平、大蔵善行、三統理平と共に『日本三代実録』の編者の一人である（ただし途中で菅原道真は太宰府へ左遷、三統理平は転任し編纂から外れた）。

『日本三代実録』とは、九〇一年（延喜元年）に編纂された日本の国史、つまり公式史書である。国史は、古代日本が律令国家として成立した直後から創られるようになり、『日本書紀』・『続日本紀』・『日本後紀』・『続日本後紀』・『日本文徳天皇実録』・『日本三代実録』があり、それらを合わせて六国史といわれている。なお、『日本三代実録』以降、正式な国史は、現在まで創られていない。『日本三代実録』は、清和天皇、陽成天皇、光孝天皇の三代の天皇の御在期間の三十年間、八五八年（天安二年）から八八七年（仁和三年）までの行政の記録書である。内容は、詔勅や表奏文をはじめ節会や祭祀などの年中行事などのほか、災害の記録も数多く記されている。そのなかで、天皇が詔勅を出した大規模な災害について見てみると、地震や津波が一〇回、気象災害が二十一回、疫病が一五回、飢饉が七回など全体で七〇回以上に上る。

ところで、菅原道真は、この『日本三代実録』を編纂する前に、『類聚国史』を一人で編纂している。これは、宇多天皇の命を受けて作成したもので寛平四年（八九二年）に完成した。内容は五国史（『日本書紀』・『続日本紀』・『日本後紀』・『続日本後紀』・『日本文徳天皇実録』）の記事を神祇部、帝王部、後宮部、人部、歳時部、政理部、災異部などに分類し、年代順に編集したものである。そして、災異部のなかの「災異部五」として「地震」の項目がある。これは、まさに日本初の詳細な地震の記録集である。

このように、菅原道真は、当時の地震についての最先端の知識を持ち、また古代の地震の記録を年代順に記録した唯一無二の人物なのである。

第二章

中世

第一節　中世という時代と災害

古代から中世へと移り変わるタイミングは、平安時代後期の院政期から平清盛の政権が成立した十一世紀後半である。そして、源氏が政権を確立した鎌倉時代に入り、武士政権が本格的に始まる。その後、足利氏の政権運営による室町時代に入り戦国の世を経て足利氏が京都を追われるまでの約五百年間を中世とする。

一、平安時代後期（十一世紀後半〜一一八五年）

十一世紀後半から一一八五年までの平安後期は、簡潔にいえば、院政と武士の台頭の時代といえる。十一世紀の後半から藤原摂関家の権力が衰えて、白河上皇や鳥羽上皇、後白河上皇による院政が行われるようになった。院政とは藤原氏に不満を持った天皇がわざと退位して上皇となり、摂政・関白の影響を排除しようとしたことが始まりである。そして政治の実権を握るために、地方の武士を味方につけた。そして、院政を支えることで力をつけた武士が、貴族に代わって政権を握るようになったのが平氏である。その頃、「永長地震」（一〇九六年十二月）が発生し、地震と津波によって大きな被害が出た。これは南海トラフ沿いの東海道沖で発生した地震であり、八八七年の仁和地震以来の出来事である。そして、その三年後、「康和地震」が起き、これも関西を中心に大きな被害が出た。

十二世紀の中頃になると、「保元の乱」（一一五六年）、「平治の乱」（一一六〇年）によって源氏は衰退し、平氏が権力を握るようになり、平清盛が太政大臣にまで登り詰めた。しかし、混乱が続く中、源氏の源頼朝が挙兵し、平氏は敗走を続けて文治元年（一一八五年）壇ノ浦の合戦で敗れて滅亡したのである。

二、鎌倉時代（一一八五年〜一三三六年）

一一八五年（文治元年）壇ノ浦の戦いで源頼朝が平氏に勝利して平氏が滅亡し、朝廷より頼朝が全国の守護・地頭の任命権を認められたことで、源氏が全国の支配権を握ることになった。ここに鎌倉幕府が成立し、本格的な武家政権である鎌倉時代へと移行したのである。この年の八月に「文治地震」が起こり、京都を中心に近畿各地で大きな被害を出した。

ところで、鎌倉時代はわが国が初めて経験する海外からの侵略があった。一二七四年の文永の役と一二八一年の弘安の役の二度の元寇である。鎌倉幕府は武士の抗戦と台風による神風とで何とか元寇を凌いだが、幕府をはじめ、戦った御家人たちも含めて社会が疲弊した。

鎌倉時代は、農業の生産性が向上し、商工業も一定の発展を遂げたが、地震や疫病などの様々な災害に見舞われた。特に、この時代は、寒冷化が進み、「寛喜の飢饉」（一二三〇年〜一二三一年）、「正嘉の飢饉」（一二五八年から一二六〇年）などの大飢饉に襲われ、庶民たちの生活は困窮した。

また、地震については毎年のように起こり、一二九三年（正応六年）四月に発生した津波を伴う「永仁の鎌倉大地震」では鎌倉に大きな被害をもたらし、死者は二万人から三万人におよんだと推定されている。その他、火山噴火や旱魃、洪水なども度々起こった。

さらに、承久の乱をはじめ戦乱も絶えず、遂に一三三一年（元徳三年）、後醍醐天皇が鎌倉幕府を打倒するために元弘の乱を起こし、一三三三年（元弘三年）御家人の新田義貞によって北条氏が討ち取られて鎌倉幕府は滅亡した。

三、室町時代（一三三六年～一五七三年）

室町時代は、足利尊氏が建武式目を制定した一三三六年（建武三年）から、足利義昭が織田信長によって京都から追放される一五七三年（元亀四年）の間をいう。政治的には、鎌倉幕府の組織を踏襲したが、その直後から二つの朝廷が両立する南北朝時代に入り、一三九二年に北朝と南朝が合体するまで続いた。その後「応仁の乱」（一四六七年～一四七七年）に突入し、十一年間も続いたため京都は壊滅的な被害を受けてしまう。幕府は、統制力を失い、一応、一五七三年まで継承されるが各地の守護大名は幕府のいうことを聞かず、下克上を繰り返しながら、戦国の世になっていったのである。

この時期、干ばつや台風、洪水、地震、そしてそれらに起因する飢饉（寛正の大飢饉）など災害が多く、社会不安が高まるなか、農民たちによる一揆が多発した。地震を見てみると、一三六一年（康安元年）六月、「康安地震」が発生した。これは津波を伴う南海トラフ沿いの巨大地震である。また、一四五四年（享徳三年）には遠く離れた東北の地で津波を伴う地震があり多くの人が犠牲になった。いわゆる「享徳地震」である。さらに、一四九八年（明応七年）八月には、津波を伴う「明応地震」が発生した。これも南海トラフ沿いの東海寄りの巨大地震で、大津波が各地の海岸に押し寄せ甚大な被害が出た。

第二節　中世の主な災害

中世になっても、災害による被害状況の記録は、その多くが京都や畿内である。それは、当時に書かれた日記や書物自体が京都におけるものがほとんどであり、どうしても京都が中心となる。他地域の災害の状況については、後日、使者により地方から被害報告が入り、それを記録したものが残っているにとどまる。したがって、中世における全国の災害を知ることは難しいのが現状である。

一、永長地震

一〇九六年（嘉保三年・永長元年）十一月二十四日、「永長地震」が起こった。地震の規模は、『理科年表』によるとマグニチュード八～八・五という巨大地震である。死者は、一万人以上と推定されている。東大寺の鐘が落下するなど揺れによる被害もあったが、伊勢・駿河で起きた津波による大きな被害が特徴である。

当時の政治や社会を記録した第一級史料に『中右記』がある。これは、右大臣藤原宗忠が一〇八七年（寛治元年）から一一三八年（保延四年）まで書き綴った日記であるが、永長地震の時、宗忠は当時天皇であった堀河天皇に仕えていた。一〇九六年（嘉保三年）十一月二十四日の項に次のように記されている。

朝の八時頃、大地震が起こった。地震は二時間ほど続き、家々が壊れそうになり、古今に比べるものがないくらいだった。驚きながら参内に駆け参じたが、天皇は西の釣殿に来られて前の池の舟に乗ろうとされるところだった。皇后は手車に寄られ、皇居は大騒ぎであった。すぐに人々は参集し、両殿下が命じて左大臣がやってきた。私は、仰せにより部下を二人連れて大内裏の被害を巡見した。郁芳門から入り神祇官を見たが壊れておらず、次に応天門と東西の楼、次に大極殿、西楼が西に傾き、大極殿の柱が所々東に一、二寸ほど寄って瓦が落ちかかっている程度で、これらの破損以外には大きな損害はなかった。次に中院である神嘉殿、次に部下を巡検させたが、破損個所はないということで帰ってきた。これを以て主旨を両殿下に報告し終えた。大地震であったのに紫宸殿の門に被害がなかったので、人々は不思議だとするのみであった。午後二時ごろ人々は退出した。夜に入りまたすこぶる地震があった、誠に大変怪しいことである。

宗忠の記録を見ると揺れの割には、京都では被害が少なかったようである。ところで、宗忠は、地震直後に天皇の命で早速被害調査を行っている。このことは、地震が発生すると、その被害状況を調査するということが朝廷内で組織としてシステム化していたということを物語っていると考えられる。

さらに、「後聞」として、

この地震で、近江国では勢多橋が破壊され僅かに東西の岸壁の部分だけが残り、奈良では東大寺の鐘が地面に落ち、薬師寺の回廊が倒れ、京都の東寺の塔の九輪が落ち、法成寺の東西の塔の金物（不明）が落ちて壊れ、法勝寺の仏像などの後光が多く壊れ、あちらこちらの塔が多く壊れた。

と記されている。この記述から、近畿全域で広く被害が出たことがわかる。

さらに、十二月九日の記述には、

後に聞いたことだが、伊勢国の阿乃津の民家が地震の時の大津波によって多くが壊れたと聞いている、諸国でこのようなことが起こっており、今までにないことである。

と記録されており、大津波が三重県の沿岸を襲ったことがわかる。

また、関白藤原師通の日記である『後二条師通記』にも、この地震についての記述がある。「朝の八時頃に、六回にわたり大きな地震があった。」とあり、また「今日の地震はまことに時間がながかった」とある。このことは、『中右記』の二時間ほど地震が続いたという記録と考え合わすと、この地震が海溝型地震であったことがわかる。被害状況についても、十二月二十三日の日記に、「駿河国からの報告によると、先月二十四日の大地震で、寺院や神社、民家が（津波により）四〇〇余り流失した、国家の一大事である」と述べられており、現在の静岡県中部あたりでも津波の甚大な被害があったことを物語っている。

さらに、『阿波国太龍寺縁起』にも、「十一月廿四日辰時、天下大震動、海内悉驚怖」（十一月二十四日朝の八時頃、天下に大地震が起きて、国内が驚きと恐怖でいっぱいであった）とあり、四国でもこの地震の記述がある。

このように見てくると永長地震は、南海トラフ沿いの東海道沖あたりで起き、静岡から四国までの広範囲にわたり被害を出した津波を伴う海溝型の地震であったことがわかる。

なお、『中右記』には、この地震が起こってから約二年間多くの地震の記録が見られ、活発な余震活動が続いたようである。

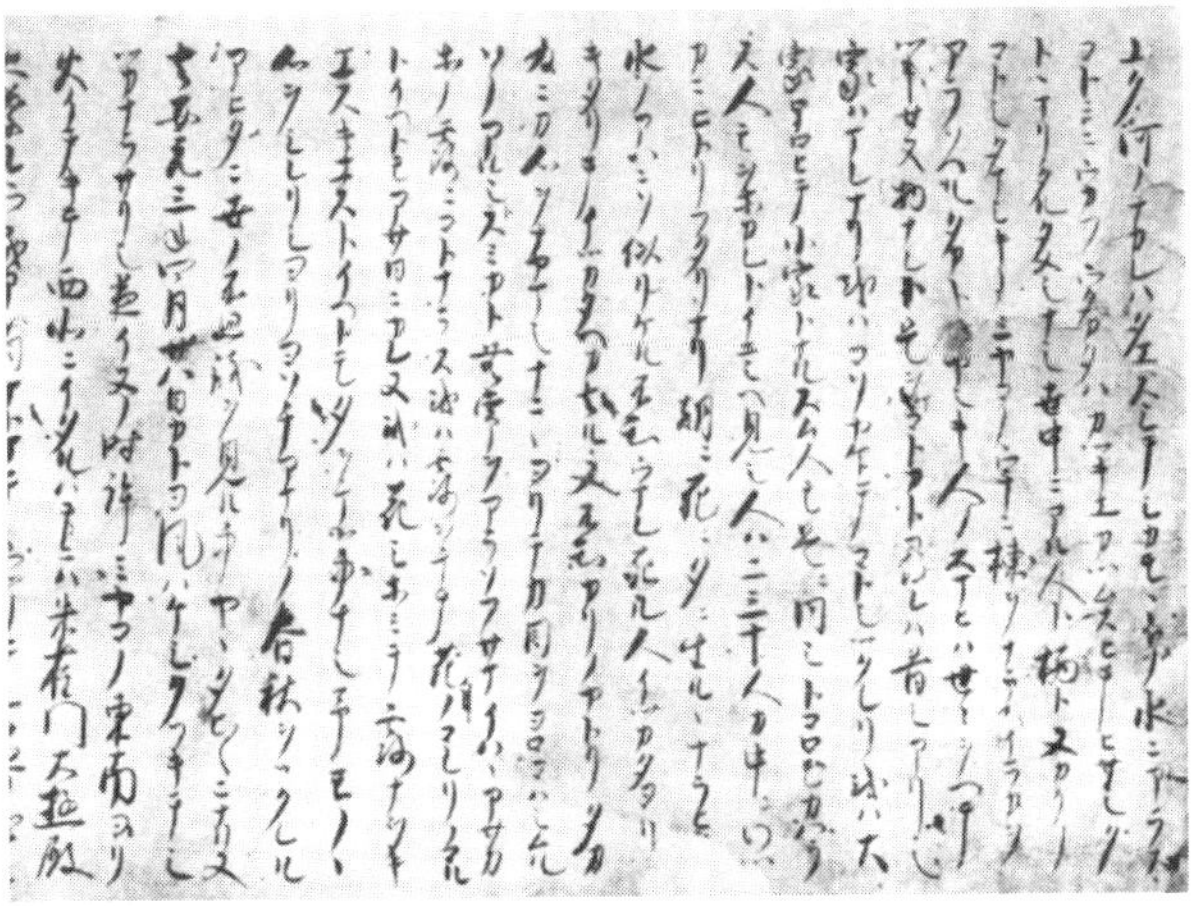

写真3　方丈記（大福光寺本）古典保存会陰影本
国立国会図書館蔵

二、文治地震

鎌倉幕府が成立した文治元年（一一八五年）、まさにその年の七月九日に文治地震（元暦地震）が起き、京都で大きな被害が出た。『理科年表』によるとマグニチュードは七・四とされる。これは、阪神・淡路大震災とほぼ同じ規模の地震である。

この地震については、『山槐記』、『玉葉』、『醍醐雑事記』、『歴代皇紀』、『吉記』、『百錬抄』、『園太暦』、『康富記』、『一代要記』、『愚管抄』、『吾妻鏡』、『方丈記』など当時の多くの書物で記録されている。

平安末期から鎌倉初期まで内大臣を務めた中山忠親の日記である『山槐記』を見ると、「五十年来覚えのないほどの地震」とし、皇居をはじめ法勝寺、法成寺など多くの建物が破損し、琵琶湖水が北流して湖岸が干上がり、宇治橋が落下するなどの多くの被害が記されている。『山槐記』の文治元年の記録は九月末までしかないが、その九月末日まで、ほぼ毎日のように余震の記録がある。特に、琵琶湖の湖岸が干上がったという記述からは、津波、あるいは地盤沈下が考えられる。

また、鴨長明が著した『方丈記』には、大火や飢饉、つむじかぜなど災害の様子が詳細に記録されているが、文治地震についても京都の町の惨状が、克明に描かれている。

　また同じころだろうか、大きな地震があった。その様子は普通ではなかった。山は崩れて川を埋め、海は傾いて陸地に浸水し、地面は裂けて水が湧き出し、岩は割れて谷に転がり込んだ。海岸近くで漕ぐ船は波に揺れ動き、道を歩く馬は足をもたつかせ、京都の近辺ではあちらこちらで社寺仏閣が一つとして完全ではなく、崩れたり倒れたりした。

この記述から、この地震によって、家屋の被害だけでなく、山崩れや液状化が起こったことがわかるとともに、津波が起きた可能性がある。

この文治地震については、『平家物語』の巻第十二「大地震」にもその惨状が記されている。

　七月九日午刻に、大地が激しく長く動いた。赤縣のうち、白河のほとりにある六勝寺が全て倒壊した。九重の塔もうへ六重ふりおとす。得長壽院も三十三間の御堂を十七間までふりたうす。皇居をはじめて人々の家々、すべて在々所々の神社佛閣、あやしの民屋、さながらやぶれくづる。くづるゝ音はいかづちのごとく、あがる塵は煙のごとし。天暗うして日の光も見えず。老少ともに魂をけし、朝衆《ちょうしゅ》悉く心をつくす。又遠國近國もかくのごとし。

　大地さけて水わきいで、磐石われて谷へまろぶ。山くづれて河をうづみ、海たゞよひて濱をひたす。汀こぐ船はなみにゆられ、陸ゆく駒は足のたてどをうしなへり。洪水みなぎり來らば、岳に登ってもなどかたすからざらむ、猛火もえ來らば、河をへだててもしばしもさんぬべし。たゞかなしかりけるは大地震なり。鳥にあらざれば空をもかけりがたく、龍にあらざれば雲にも又のぼりがたし。白河・六波羅、京中にうちうづまれてしぬるものいくらといふかずをしらず。

とあるように、京都の町にあるほとんどの家屋がことごとく壊れ、京都だけでなく全ての遠国、近国も同じような被害が出たとあり、揺れの激しい広範囲にわたる地震であったことがわかる。また、地割れがして、山体崩壊の可能性もあり、津波も発生し、火災の延焼も激しかったようである。さらに、次のように記されている。

十善帝王、都を出させ給て、御身を海底にしづめ、大臣公卿大路をわたしてその頸を獄門にかけらる。昔より今に至るまで、怨靈はおそろしき事なれば、世もいかゞあらんずらむとて、心ある人の歎かなしまぬはなかりけり。

この地震の原因は、壇ノ浦の戦いで敗北した平家の怨霊によるものだというのである。このように、怨霊や妖異によって災害が起こるという考え方は、平安時代に流行した思想である。

いずれにしろ、文治地震は京の都を襲った大規模な地震であったことに間違いない。

三、寛喜の大飢饉

一二三〇年（寛喜二年）、全国的に大凶作に陥った。「寛喜の大飢饉」のはじまりである。鎌倉時代のなかで最も規模の大きな飢饉といわれている。すでにこの飢饉の前の年から、天候不順が続き、飢饉を理由に安貞から寛喜への改元が行われたほどである。さらに、一二三〇年になっても天候不順は続き、全国的に大凶作となった。

『吾妻鏡』によると、六月九日に、美濃国蒔田荘では「白雪降る」、武蔵国金子郷では、「雪交じりに雨降る」というように降雪が記録される異常気象が起き、その後も長雨と冷夏が続いた。七月十六日には、「霜降る。殆ど冬天のごとし」とあるように、早くも霜降があり、ほぼ冬のような寒さに陥った。八月六日には大洪水、八日に暴風雨の襲来とその後の強い冷え込みと災害があった。冬は極端な暖冬となり、他の作物の作付にも影響を与えた。一二三一年は、春になると、餓死者が続出して、「天下の人種三分の一失す」と語られるほど、多くの餓死者が出たのである。さらに伝染病も流行して、貴賤ともに多くの死者が出た。

そして、翌年は酷暑年で旱魃に見舞われ、北陸道と四国でも凶作になった。京都、鎌倉には流民が集中し、市中に餓死者が満ちあふれた。民衆の中には富豪の家に仕えたり、妻子や時には自分自身までも売却・質入したりするケースも相次ぎ、社会問題化したのである。幕府はこれまで、人身売買を禁止しており、厳しく取り締まってきたが、寛喜の飢饉では、これを容認しているのである。そこまでしなければ、飢えた人々を餓死から救えなかったのであろう。そして、飢饉が終息した一二三九年（延応元年）になって、ようやく人身売買を禁止した。

四、永仁の鎌倉大地震

一二九三年（正応六年）四月十二日、鎌倉で大地震が起こった。「永仁の鎌倉大地震」である。『理科年表』によるとマグニチュード約七・〇の規模である。

この地震が起こる一二年前の一二八一年（弘安四年）は、蒙古軍が一二七四年（文永十一年）の文永の役に続いて再度日本に来襲した年である。わが国は、蒙古軍に反撃し、暴風雨の助けもあって蒙古軍を壊滅させ勝利した。しかし、鎌倉幕府は大きなダメージを受けていた。そこに追い打ちをかけるように大地震が発生したのである。

「永仁の鎌倉大地震」に関する記録は、『親玄僧正日記』『実躬卿記』『興福寺略年代記』『本朝地震記』『武家年代記』『鎌倉年代記』『本朝年代記』などにある。

これらの史料をまとめると、その被害状況は「四月十三日の朝六時頃に大地震が起き、数刻に及んだ。堂舎人屋がことごとく転倒し、建長寺が転倒・炎上し、大慈寺が埋没し、壽福寺が転倒するなど神社仏閣その他倒壊多数」であった。犠牲者数については、二万人余（『本朝年代記』）とも、二万三〇三四人（『武家年代記』）とも、三万人余（『本朝地震記』）ともいわれる。また、「浜辺を見て回ると鳥居のあたりに一四〇人の死者がいた」（『親玄僧正日記』）とあり、津波の可能性もある。また、余震は二週間以上続いた。

五、康安（正平）地震

一三六一年（康安元年）六月二十四日午前四時ごろ、康安地震が発生した。津波を伴う地震であり、南海トラフ沿いの巨大地震である。地震の規模は、『理科年表』によるとマグニチュード八・二五から八・五とされている。

康安元年は、正平十六年でもある。つまり、南北朝の時代であり、南朝の元号と北朝の元号があるのだ。一三三六年五月、湊川の戦が起こり、足利尊氏が新田義貞と楠木正成軍を破り、その年の十二月に後醍醐天皇が吉野に移ったことによって南北朝時代がはじまった。まさに、その動乱の最中に起こった巨大地震である。南海トラフ沿いに発生した海溝型地震と考えられている。

信頼度の高い史料である『後愚昧記《ごぐまいき》』、『忠光卿記』、『後深心院関白記』、および『斑鳩嘉元記』をはじめ『太平記』や『阿波志』などに地震被害の記録がある。

南北朝時代の公卿である三条公忠の日記である『後愚昧記』によると、二十一日から毎日地震が続き、二十四日に大地震が起こったとある。そして、四天王寺の講堂が転倒し、微塵となってしまい、大塔の九輪も落ちて、塔が傾いたとある。そして、その後も大きな余震が続いたと記されており、大阪で大きな被害が出たことがわかる。

また、法隆寺の史料である『嘉元記』は、奈良の状況を記録している。

二十四日に大地震が起こり、法隆寺では、塔の九輪が燃え、金堂の仏壇が崩れ落ち、東大門の築地が剥れ落ち、傳法堂の壁が落ちた。さらに、薬師寺金堂の二階が傾き、二つある塔のうち一基は九輪が落ち、一基は大きく歪んだ、中門、廻廊や西院が転倒し、このほかの諸堂も破損した。また、唐招提寺の塔の九輪が大きく破損し、西廻廊や渡廊は全て壊れた。天王寺では金堂が壊れて倒れ、さらに安居殿御所の西浦まで潮が満ちて、そこに住んでいた住民が多く亡くなった。熊野の山路や山河などが多く破損し、湯ノ峰温泉の湯が止まった。

写真４　康暦の碑（徳島県美波町）
筆者撮影

この記述から、奈良や紀州、大阪においても大きな被害が出ていることがわかるが、特に注目すべきは、「安居殿御所の西浦まで潮が満ちて、そこに住んでいた住民が多く亡くなった。」という箇所である。天王寺とは四天王寺のことであり、安居殿御所は今も四天王寺の近くにある安居神社と考えられるから、そのあたりの西浦というところまで津波が到達していたのだ。このあたりは今よりも海に近かったのであるが、それにしても、内陸まで入ってくるような大きな津波が襲来していたことがわかる。

さらに、津波に関する記述は、『太平記』にも見られる。

『太平記』巻三十六巻には、

摂津の国難波浦の沖が数百町にわたり一時間ばかり干上がって、大量の魚が砂の上に跳ねていたので周りの漁師たちが、網や釣り道具を捨て置いて、我先に取りに行った。そこへ大山のような津波がやってきて海になってしまったので、数百人の漁師が一人も生きて帰ることはなかった。また阿波の鳴戸の海水が引いて陸となった。

とある。また、

阿波の雪湊と云う浦には、にわかに大山のような津波が襲来して千七百余の家がことごとく引き潮に引き込まれて海底に沈んでしまって家々に居た全ての人、全ての動物は一つも残らず海の藻屑となってしまった。

とあり、現在の大阪の難波のあたりに津波が押し寄せてきたことがわかるとともに、現在の徳島県の鳴門市や美波町あたりにも大津波が押し寄せてきたことがわかる。

六、寛正の大飢饉

寛正の大飢饉は、一四六一年（寛正二年）に起こった中世最大の飢饉である。二年前の一四五九年から旱魃や台風などによってすでに飢饉がはじまっており、次の年も、台風や長雨、洪水など天候不順な年であった。特に、一年を通じて気温が低かったようで、奈良では四月でも冬至のように寒く、九月には雪が降ったと『経覚私要鈔』に記されている。そして、翌年の寛正二年に近畿・山陰・北陸地方を中心とした大飢饉が起きた。その結果、京都に多くの流民が集まり、飢えに苦しみながら餓死者が相次いだのである。

禅僧雲泉大極の『碧山日録』の寛正二年二月の項には、

月末に、用事があって京に入った。四条坊の橋の上よりその上流を見ると、無数の死体が流れていて、石の塊が沢山あるようであった。死体によって流れが止められていて、その腐ったにおいは耐え難いものであった。西に行き東に行き、このために涙を流し恐れや不安が沸いてきてぞっとした。

ある人がいうには、正月から二月にいたるまで、京都のなかの死者は八万二千余人にものぼっていると。京北に一人の僧がいて、小片木をつかって八万四千の卒塔婆を造り、一つひとつこれを死骸の上に置いていったところ、やがて二千枚が残ったという。これで大体の数がわかったのである。京中といっても見ることができないところもあり、また城壁の外の原野・溝や谷の死体はそのままにしておくことはできない、という。

と記されている。京都の鴨川は死体で一面が覆われるほどの惨状であり、一人の僧が数えただけでも京都市内で八万二〇〇〇人余りもの人が亡くなったというのである。

同書の三月の項には、「五条の橋の下において、死骸を集め、墓を作った、その数一二〇〇余りである。」というように、いたるところに死体があるので集めて埋葬している。さらに、「飢饉は少し治まろうとしたが、また疫病が相次いで流行り、無数の民が死んだ。」とあり、飢饉だけでなく感染症が流行したことがわかる。

今見てきた状況は、京都に限られたものであり、全国的に見ればどれほどの死者が出たか、想像がつかないほどである。

七、明応地震

一四九八年（明応七年）八月二十五日、午前八時頃、大津波を伴う「明応地震」が発生した。いわゆる南海トラフ巨大地震である。地震の規模は、『理科年表』によるとマグニチュード八・二〜八・四とされている。この地震は、一四九三年（明応二年）の明応の政変によって室町幕府の中央政権としての機能が失われた戦国の時代に起こった。

記録としは、『後法興院記』、『実隆公記』、『言国卿記』、『御湯殿上日記』、『日海記』、『円通松堂禅師語録一』、『勝山記』などがある。

まず、室町時代から戦国時代にかけて関白や太政大臣を務めた公卿近衛政家の日記『後法興院記』には、八月二十五日に大地震があり、十月の終わりまで余震が続いたとある。その記録のなかで、九月二十五日の項に、次のように記されている。

伝え聞く、先月大地震の日に、伊勢・三河・駿河、伊豆、大津波打ち寄せ、海辺に、三十町の民家がことごとく溺水して数千人の命が亡くなった。そのほか牛や馬の類は数知れず被害を受けた。前代未聞のことである。

室町時代後期の公家、三条西実隆《さんじょうにしさねたか》の日記である『実隆公記』にも、二十五日に、「早朝大地震が起こった。五十年来このようなことはなかったとのこと。私も生まれて以来経験がない。」と記されている。ただ、『言国卿記』、『御湯殿上日記』など京都で書かれた他の日記には、京都の被害状況に関する記述がない。つまり、京都では壊滅的な揺れではなかったようである。

それに比して、『後法興院記』には、伊勢や三河、駿河、伊豆、つまり現在の三重県、愛知県、静岡県の被害が甚大で、大津波が打ち寄せて数千人が亡くなったと記されている。

『日海記』にも、静岡県焼津市の被害状況が克明に書かれている。

八月二十五日、朝の八時頃、大地震が起きた。稀代の不思議で前代未聞である。ありえないような津波が繰り返し押し寄せ、海辺の堂舎仏閣・住宅、草木、牛馬・様々な家畜がことごとく水没して死んでしまった。

とある。

また、後世の史料であるが、伊勢の子良館に勤務する神官が書き綴った日記である『内宮子良館記』には、伊勢のことが書かれていて、

今回の大地震の高潮によって伊勢市（大湊）の家の千軒あまりが流され、人は五千人ほどがおぼれ死んだという。

そのほかに伊勢志摩間のかれこれ一万人余りが溺れ死んだ。

と、記されている。

このように、明応地震では、大きな被害、特に津波による壊滅的な被害が各地で見られたが、当時、室町幕府はすでに幕府の体をなしておらず、この地震の復旧や復興に関する記事はほとんど見当たらない。

第三節　災害と武士

中世は、武士が初めて政権を握り、また奪い合った時代である。この激動の時代に、多くの地震や飢饉が頻発した。そのなかで政権を握ったばかりの武士たちはどのような考えでこれらの難局に向かい合ったのか、ということについて見ていきたい。

武士が実質的に政権を担うようになった平安後期は平清盛が太政大臣として実権を握ったが独自の武家政権を目

指そうとはしなかった。それに対して、源頼朝は名実ともに武家政権である鎌倉幕府を開いた。世界史を見回すと、いわゆる軍事政権で長期にわたってその国を治めた事例はほとんどない。しかし、わが国では鎌倉幕府以来、江戸幕府が終焉するまでの七百年近く武士が政権を握ったのである。その基礎を作ったのが鎌倉幕府だったのだ。武士は、本来、戦闘者であり、敵を殺すことが仕事である。したがって、長年政権を担ってきた公家たちのように、政治を行ったり、法律を作ったり、公平に人を裁いたりして国を安定的に治めるという能力を持ち合わせていなかった。そのため、鎌倉時代の初期の武士たちの振舞いは、相当野蛮であった。彼らは、農民から、正当な年貢を取るだけではなく、無秩序な搾取を行い、あるいは暴力や略奪を繰り返し、農民を圧迫していた。しかし、源頼朝を中心に、天下を収めるためのシステムの構築と同時に為政者としての武士の生き方、庶民との関係の持ち方などが確立されていった。

一、天人相関思想による政治

わが国では、先に見たように古代に律令国家として成立してからは天人相関思想に基づく政治が天皇によって行われてきた。しかし、律令制度が機能しなくなり、いわゆる貴族政治が行われるようになってからは、中央集権的な政治ではなく、国司を中心とした地方政治によって国家が保たれるようになった。その頃の貴族社会では、陰陽道が流行り、怨霊や怪異が原因で災害が起こるという観念が広がり、天神相関思想は陰をひそめるようになった。その後、武士が台頭し、平氏が国政の実権を握るようになったが、ほどなく武士による国政は幕府という形で源頼朝に移行した。

頼朝は、全国に平和を宣言するための仏教行事を命じ、一一九七年十月四日に全国各地の寺院で挙行された。その際に頼朝は、戦争で多くの人が亡くなったが、怨みを以て恨みに報いるのではなく、徳を以て怨みに報いることの重要性を説きつつ、平家との闘いを「爰我君前右大将源朝臣《みなもとのあそん》代天討王敵、通神伏逆臣」と、天に代わり、神に通じて平家を倒したと述べている（『安達親長五輪宝塔造立供養願文案』）。そして、この新たな天神相関論に基づいて、武士による政権の正統性を確立していったのである。

一方、『吾妻鏡』を見ると、大地震などの天変地異が起こると、為政者の不徳により災害が起こると考えられていたので、度々、仏教祈祷と陰陽道祭を行うとともに、その天変地異の規模や状況によって、「徳政」が行われていた。ちなみに、徳政とは仁政の意味であるが、鎌倉・室町時代は、主に債権、債務破棄の政策のことである。

北条実時（一二二四年～一二七六年）は、天と為政者との関係を次のように説いている。

　妄りに事を行わないで、しっかりと道理を考えて、身分の高い人にも寛大な処置をとらず、身分の低いものを捨て置かず、厳格に賞罰を行って、私を無くして対処すれば、人は皆、天の政治のようだと思い、恨んだりそねんだりすることはない。たとえ心が及ばず、道理に合わないことをしてしまっても、非常に私心がなく、人のため、世のためを思い行動していれば、人はうらまないし、天はその徳に味方してくれるものである。（『北条実時家訓』）

私心を無くし、世のため、人のために尽くすことが天の政治であると述べている。これは天人相関論に基づいているといえると同時に、「無私」を根本とする政道を説いており、武士道思想の原点を見ることができる。

ところで、天人相関の思想に基づく祈祷や徳政は朝廷、幕府ともに行われたが、徳政については相当違いがあった。朝廷の徳政は形式的なものであったのに対し、幕府の徳政は撫民政策に基づく、災害や飢饉で生活に窮した庶民のニーズに沿った徳政であった。

二、撫民政策

先にも述べたように、鎌倉時代がはじまった当初は、武士たちの横暴な振る舞いが目立ち、農民たちの不満が溜まる一方で、反発や逃亡が相次いだ。もちろん、幕府も災害が起これば天人相関思想に基づいて、徳政を実施したりはしたがあくまで幕府の為政者としての天を恐れての政策であり、まだまだ農民のためという意識は少なかったようであり、社会は混乱を窮めたのである。

そのような現状を鑑み、時の執権北条泰時は、撫民政策をとった。撫民とは、「民を労わること」「民を思いやること」である。例えば、先に見た一二三〇年の「寛喜の大飢饉」では飢えに苦しむ多くの庶民を助けるために米を放出するなどの善政を行ったとされ、名君として有名である。

そして何より、泰時は『御成敗式目』を作成した。『御成敗式目』は、武士の行動規範のための法令である。一二三二年（貞永元年）に泰時によって定められた武家による初めての体系的に成文化した五十一か条からなる法律である。この法律は、泰時の庶民を大切にする撫民思想に基づいている。

御成敗式目のなかの庶民に関連のある二項目を取り上げてみよう。

第四十一条：「奴婢や雑人のことについて」

頼朝公の時に定めたように、十年以上使役していない奴婢や雑人は自由とする。次に、奴婢の子については男子の場合は父に、女子は母に属すこととする。

奴婢とは、奴隷のように売買される人であり、雑人とは、所従や下人と呼ばれる身分の低い人々のことである。『御成敗式目』では新たな人身売買を禁止し、今いる奴婢も十年以上使われていない者は今後売買してはならず、奴婢の子どもは男女とも奴婢として売買されることはないとしたのである。

第四十二条：「逃亡した農民の財産について」

領内の農民が逃亡したからといって、その妻子をつかまえ家財を奪ってはならない。未納の年貢があるときはその不足分のみを払わせること。また、残った家族がどこに住むかは彼らの自由にまかせること。

農民の人権を尊重した処分であり、しかも罪は個人に帰するという合理的な考えに基づいており、庶民を低く見て押さえつけようとはせず、庶民を思いやる態度が見られる。そして、泰時は、この『御成敗式目』を全国の御家人、守護所、地頭に徹底したのである。

しかし、武士による庶民への乱暴や搾取は相変わらず行われていた。そこで、第五代の執権北条時頼は、撫民政策をさらに強化した。その一環として、『御成敗式目』の追加法、いわゆる「『撫民令』」を相次いで出した。たとえば、「およそ小さなことで百姓に罪を科すことをしてはいけない。ひたすら撫民の事を以て煩費をしてはいけない。専ら撫民の考えで対処し、農業の励みになるようにしなさい」（追加法二九三）や庶民の窃盗については、「六百文以上の重い罪でも、それは本人のことであり、親類や妻子や使用人の罪ではない。これに背いて下部の処分をすること撫民ではない」（追加法二八四）とある。

時頼は、武士たるもの、庶民を権力や武力で押さえつけて搾取するのではなく、庶民と共に、社会を作っていこうという思想を全国の御家人や地頭に根付かそうとしたのである。

このような撫民政策を推し進めた時頼の思想的背景には、仏教の教えがある。時頼は、鎌倉に建長寺を建てるなど、深く禅宗を信仰し、執権を退いた後で、禅宗の僧侶として出家するほどであった。また、宝治元年（一二四七年）には、曹洞宗を開いた道元を鎌倉に招き、禅の教えを請うたのである。

さらに、鎌倉幕府が滅んだ後、室町幕府も『御成敗式目』を継承した。そして、室町幕府では『建武以来追加』として『御成敗式目』に随時、法令を追加していった。つまり、撫民政策は室町幕府も踏襲していったのである。また、室町時代後半になると、分国法といって各地の戦国大名たちが領地内での法律を各自で定めるようになるが、これも『御成敗式目』に影響を強く受けた法律であった。

以上、中世においては武士が政権を担っていくうえで、戦闘員としてだけでなく、為政者、行政官としての気質や能力を身に付けて行ったが、その中核を担うのが、撫民思想であった。したがって、武士たちは、地震や飢饉などの大規模な災害で、庶民が困窮した際に、庶民を労り、救済することを使命と捉えるようになったのである。

第四節　災害と無常観

「無常」とは、仏教用語である。仏教の祖であるお釈迦様は、「諸行無常」、つまりこの世に存在するものは全て移り変わっていき永久不変なものは一つもなくはかないものである、と説く。

つまり、この世に不変なもの、永遠に変わることのないものなどないということであり、人間にあてはめれば、子どもは成長し大人となり、やがては老いて死んでいくのであり、はかないものである、ということである。したがって、物や出来事に固執しても仕方がない、意味がないということになる。なぜならば、全てが変わっていくからである。どれほど立派な豪邸もいつかは朽ち果てる。今幸せでも明日はどうなるか、わからない。今繁栄していても、一瞬にして全てが無くなってしまうかもしれない。だから、私たちは今を生きるだけなのである。今を一生懸命生きることしかできないのだ。「今」の連続が人生であり、その流れは刻々と変化していくのである。

わが国において無常観は、中世以来の宗教、文学において培われた思想あるいは美意識である。

一、道元禅師の道と無常観

道元禅師は、日本曹洞宗を開いた。彼は、中国禅を単にわが国に伝えただけではなく、「本証妙修《ほんしょうみょうしゅう》」を唱え、「只管打坐《しかんたざ》」「身心脱落《しんじんだつらく》」を仏道修行の根本とした曹洞宗を、わが国独特の禅宗として体系化した。つまり、仏教における「道」の実践的思想を確立したのである。ところで、日本人は「道」という言葉が好きである。武道、茶道、華道、野球道など何でも「道」をつけたがるが、そこに求められるのは一つのことを窮めるとか、倫理・道徳を含んだ意味合いを持たすといった時に使われる。本来、わが国において「道」が確立したのは中世であり、日本独自の「道」の思想が展開された。その中核をなすのが、禅宗における道の思想であり、道元は「仏道」を窮め、曹洞宗を開き、わが国に禅を広めるとともに、鎌倉幕府、特に北条氏に精神的、思想的影響を与えたのである。

ところで、中世において道の理念が成立した根底には、世の中の動乱の中でいかに風流に生きるかという精神性がある。また、『方丈記』や『平家物語』に代表されるような世の無常の克服から中世の道の発見があった。道元も中世に生きた人であり、実は、仏道修行の契機には「無常」があった。

道元禅師は、悟りを求めようとする心（菩提心）の契機は無常を観じることにある、と説いている。このことは、無常を単なる消極的な変化として捉えるのではなく、変化を前提にやるべきことをやるという気概が感じられる。

道元禅師は、一二〇〇年（正治二年）に生まれた。三歳で父を、八歳で母を亡くし、その後十三歳で出家し仏の道に入った。彼は、「我、初めて、まさに、無常によりて、いささか、道心を起し」（正法眼蔵随聞記）とあるように親の死に無常を感じ、それを契機に求道心を起こしたのである。つまり、彼が出家し道を求めようとした背景には、肉親の死や自分自身の身の上に否応なしに降りかかる無常とそれを乗り越えようとする精神性があったことは頷ける。無常を契機として、一切を捨てきることが求道心の根本である。『正法眼蔵随聞記』二ノ二には、出家者は我執を捨てて指導者の教えに随わなければならず、そのためには貪欲な気持ちを持たないことであるとし、「貪欲な心を持たないようにするには、まず、自我意識を捨てなければならず、自我意識を捨てるためには世間の無常を感じ取ってその本質を知らなければばならない」と説いているのである。また、三ノ十一には、

仏道修行を志したならば、ただ世間の無常を思えばよい。この無常という言葉は、かりそめに観法などで観念的に無常を観ずるものではない。われわれの目の前で現実に起こっている道理である。人の教えや聖典などで知るものでもなく、昨日会った人が今日は死ぬという事実はいくらでもあり、話にもよく聞く。これは他人の話だが、自分にとってもいくら長生きしても必ず死ぬという道理がある以上、人生の過ごし方にはそれなりに色々あろうが、仏道に心をかけて涅槃、つまり悟りの境地を求めるべきである。

と説いている。このように、道元は、無常を真っ正面から受け止め、ただ消極的に世捨て人になるのではなく、無常を契機に一切のものを捨て、真実、つまり道を求めて自我をはなれた境地にまで身心を昇華させ、統一させていったのである。そして、その修行の過程そのものがまさしく道なのである。

このように、道元の無常観は、無常の世の中で今を精いっぱい生きるということを、修行を通じて実践したのである。

二、中世文学に見る無常観—方丈記を中心に—

『方丈記』は、「行く川のながれは絶えずして、しかも、もとの水にあらず。よどみに浮ぶうたかたは、かつ消えかつ結びて久しくとゞまることなし。世の中にある人とすみかと、またかくの如し。」からはじまる。まさに無常の世界観を描いた作品である。周知のように『方丈記』は、一二一二年頃に、鴨長明によって著された。

鴨長明は、一一五五年（久寿二年）に下鴨神社の正禰宜《しょうねぎ》の次男として生まれ、比較的恵まれた環境で育った。しかし、若くして両親を亡くし、相続などの親族の争いに敗れた。晩年は、出家して質素な方丈庵に暮らしながら、隠遁生活を送るのである。彼は、京都の日野に草庵を構え、世の移ろいを観察し記録に残した。したがって、方丈記では、冒頭から長明の無常の哲学が展開され、そのあとに「安元の大火」「治承の辻風」「福原遷都」「養和の飢饉」と先に見た「文治の地震」の五つの災厄について詳しく書かれている。この一つである「養和の飢饉」についてその記述を見てみよう。

こんなに落ちぶれて歩いているかと思えば、直ぐに倒れて死んでいる。土塀や道ばたに飢え死にする人の数は計り知れない。死体を処理することもできないので、死臭が周りに充満して、死体が腐敗していく様子は目も当てられないことが多かった。―中略―（死んだ）人の数を数えようと四月、五月と数えたら、京都の一条から南側、九条の北側、京極より西側、朱雀より東側の間にある死体だけで四万二千三百あまりになった。その期間の前後に死ぬ者もいるし、また河原、白河、西ノ京、その他の郊外まで加えればその数は際限がないだろう。まして、近畿以外の地域を含めればどうなるだろうか。

長明が見た京都は地獄絵のような悲惨な状況であった。人生のなかで、五つもの災害に遭遇しているだけでも相当大変だと思うが、それどころではないのである。長明の生きた時代は、平氏が源氏に打たれ滅亡していく、まさにその時であり、「文治地震」は、その直後に起こっているのだ。

『方丈記』は、その後、現在まで約八百年間、読み続けられてきたのである。しかも、当時は出版などという手法はなく、多くの人が書き写し、またそれを誰かが書き写しというように世間に広がり、時代をつないできたのである。江戸時代になって、ようやく板本によって出版されるようになり、さらに近代以降はいわゆる印刷されて出版されるようになって、容易に手に入るようになったが、この八百年の間にどれだけの日本人が読んできたのだろうか。多くの人々が長明の無常観に共感し人生を生き、また共感して自らの作品を作り世に出し、あるいは災害時に無常を感じて生きてきたのである。

このようなことは、また「花に染む　心のいかで　残りけん　捨て果ててきと　思ふわが身に」（すべてを捨てきったと思っていたわが身に、どうして桜の花に執着する心がのこっていたことであろうか。）と詠んだ西行法師（一一一八年から一一九〇年）にもいえることである。

さらに、時代は少し下るが、『徒然草』の作者、吉田兼好（一二八三年～一三五三年・生没とも不確定）もまた私たちの心に、七百年間にわたり無常観を映し出してきた。「満月の丸い状態は少しの間もとどまらないで、すぐに欠けてしまう。」（第二百四十一段）と述べ、世の無常を月の満ち欠けに見ている。また、「道を究めようと修行する人は、夕方には翌朝があると思い、朝になればまた夕方があると思って、あとから念を入れて修行に励もうと心積りをする。まして、一瞬のうちに怠け心があることを知るだろうか、いや知るはずがない。どうして、今一瞬において、実行することがひどく難しいのだろうか。」（第九十二段）と述べ、人生はいつ何があるかわからないから今この一瞬を精一杯生きることが大切であると論じている。兼好の無常観は、神職の家に生まれたが後に出家しており、仏道の視点から無常を説いている。

また、「祇園精舎の鐘の声、諸行無常の響きあり。沙羅双樹の花の色、盛者必衰の理をあらはす。奢れる人も久からず、ただ春の夜の夢のごとし。猛き者も遂にはほろびぬ、偏ひとへに風の前の塵におなじ。」という名文から始まる『平家物語』は、源氏に打ち勝ち栄華を極めた平家一門が衰退し滅びゆく姿を語るこの冒頭は、無常観を見事に著わしている。この『平家物語』は、当時、琵琶法師といって、街中で琵琶を伴奏にして「平家物語」を語る盲目の語り部たちによって全国に広まっていった。字の読めない多くの庶民も、平家物語に見られる無常観を乱世と災害に苦しめられる自分自身の人生に重ね合わせることで、物語とはかなさを共有したのである。これは「写本」以上に多くの人々、特に庶民にも無常観を広げていった。その継承方法はやがて出版という形態に移行し、今では『平家物語』も私たちはすぐに手に取ることができるのである。

このように考えてみると中世文学で醸成された無常観が、長い年月を経ても今もなお、私たち日本人の心の奥深くに流れているといっても過言ではない。

第三章　近世

第一節　近世という時代と災害

近世の始まりは安土桃山時代である。

中世の後期は戦国の世であり、戦国大名が群雄割拠し闘いが続いたが、十六世紀後半、織田信長によって天下が統一され、室町時代が終了して安土桃山時代を迎えた。その後、信長が本能寺の戦いで亡くなると豊臣秀吉が天下を治めたが、ほどなく徳川家康が関ヶ原の戦いで勝利を収め、江戸に幕府を開いた。その後、徳川幕府は、幕藩体制による長期政権を実現し、約二七〇年にわたり天下を治めたが、十五代将軍の徳川慶喜の大政奉還によって幕を閉じた。それをもってわが国の近世も終わりを告げたのである。

一、**安土桃山時代**（**一五七六年～一六〇三年**）

安土桃山時代は、織田信長と豊臣秀吉の時代である。期間としては三〇年ほどしかないが、武士による天下統一がなされ、経済が大きく発展した時代である。信長が楽市楽座による領地内の関所を撤廃することで経済は豊かになっていった。秀吉は、刀狩などによって兵農分離政策を実施した。キリシタンを弾圧する一方、朝鮮へ出兵した。秀吉の死後、関ヶ原の戦いで、豊臣方の西軍が徳川家康率いる東軍に敗れ、時代の幕を終えた。

この短い三十年の間に、大地震が頻発した。まず、一五八五年（天正十三年）にマグニチュード八クラスともいわれる「天正大地震」が中部地方で起こった。一五九六年（文禄五年）には、九月一日に「慶長伊予地震」九月四日に「慶長豊後地震」、九月五日に「慶長伏見地震」というように、いずれもマグニチュード七台の大地震が連動して起こったのである。

二、江戸時代

確立期（一六〇三年～一六五一年）

豊臣政権下において、徳川家康は五大老筆頭の位置にあったが、一六〇〇年の関ヶ原の戦で事実上政権を運営する地位に就き、一六〇三年に征夷大将軍となり徳川幕府を開いた。家康は、その後、諸大名との間に主従関係を成立させ、二代将軍秀忠、三代将軍家光に至る半世紀足らずの間に、反徳川勢力の一掃、大名統制、職制の確立、鎖国などを推進し、その権威をゆるぎないものにした。

この頃は安土桃山時代から引き続き大地震が続いた。一六〇五年には、南海トラフ沿いを震源とする「慶長地震」が起こり、津波などによって五〇〇〇人が死亡したといわれる。さらに、その六年後の一六一一年には、まず九月に会津藩を「会津地震」が襲い、同年十二月に海溝型の地震である「慶長三陸地震」が起こり東北地方太平洋岸に大津波が押し寄せて多数の死者が出た。このように、安土桃山時代の一五九六年以降一六一一年までの一六年の間に大規模な地震が六回も起きていたのであり、豊臣秀吉から徳川家康へと政権が交代する時代の節目にあって、これらの天災が何らかの影響を与えたと考えられる。

安定期（一六五一年～一七一六年）

四代将軍家綱の頃から、五代将軍綱吉の元禄期（一六八八年～一七〇四年）、そして新井白石の正徳の治にかけて、幕政の安定期（一六五一年～一七一六年）が続き、文治政治の絶頂期であった。将軍側近勢力が幕政を主導するなか、農村における木綿や採種などの商品作物生産が伸び、それを基盤とした都市における町人による産業の発展および経済活動の活発化を受けて元禄文化が花開いた。

このように社会が活気づき、元禄文化が華やかななか、一七〇三年、相模湾を震源とする「元禄地震」が関東で発生し、激しい揺れだけでなく大津波を伴い、小田原をはじめ江戸にも大きな被害をもたらした。さらに、その四年後の一七〇七年、紀伊半島沖で起こった「宝永地震」は二五メートルもの津波を伴う巨大地震であり、いわゆる南海トラフ巨大地震である。そして、その年の終わりに富士山が噴火、江戸にも火山灰が降った。

一方、人災では一六五七年、江戸で「明暦の大火」といわれる江戸全域を焼き尽くす火事が起こり、十万人以上の犠牲者を出した。幕府は、この明暦の大火に伴う復旧・復興に多くの財政をつぎ込んだため、家康以来の貯蓄のほとんどを使い果たし、それ以降財政難を抱えることとなったのだ。

動揺期（一七一六年〜一八四三年）

この時期は、貨幣経済が進展して商人が勢力を伸ばしたが、その反面で武士階級の窮乏を招いた。幕府の財政の悪化に伴い、その立て直しと封建支配の強化のために、八代将軍徳川吉宗が「享保の改革」（一七一六年〜一七四五年）を行い幕府財政の立て直しを図り、そのための行政改革を推進し幕府の権威を取り戻そうとした。その後、田沼意次は、質素倹約ではなく商業政策を推進して財政を立て直そうとしたが賄賂や不正などが横行した。ついで、松平定信が「寛政の改革」（一七八七年〜一七九三年）を行い、再び質素倹約が徹底され、緊縮財政や学問・風俗の取り締まり・飢饉に備える備荒政策などが断行された。最後の改革となった「天保の改革」（一八三〇年〜一八四三年）では水野忠邦が幕府の財政悪化を改善するために徹底した財政再建、物価の安定、風紀是正などの政策を進めたが激しい反対にあって頓挫した。

いずれの改革も、幕府の財政を根本的には立て直すことはできなかった。その要因の一つが、飢饉をはじめとする災害である。「享保の改革」の最中の一七三二年に「享保の大飢饉」が発生し、西日本が蝗害《こうがい》による大被害を受け、米の大凶作が起こった。幕府が把握しているだけでも飢人二四六万人、餓死人一万二一七二人以上が出た。なお、『徳川実紀』には九六万九九〇〇人とある。また、一七四二年（寛保二年）の旧暦七月から八月にかけて本州中央部を襲った台風による大水害が起こり、江戸をはじめ信州や近畿などで洪水が多発し、大きな被害を出した。

田沼時代には、一七七二年に江戸で明和の大火が起こり、さらに一七八二年（天明二年）、「天明の大飢饉」が陸奥国を中心に発生し、冷害による飢饉で三〇万人以上の犠牲者が出た。しかもこの年に浅間山が噴火して降灰による不作によって多くの犠牲が出た。おりしも賄賂や不正で混乱する情勢と相まって庶民の不満が爆発し、打ちこわしや百姓一揆が続発し、幕府は危機に陥ったのである。このような状況を打開すべく老中となった松平定信により「寛政の改革」が行われた。この改革中にも九州で「島原大変肥後迷惑」（一七九二年）という火山性地震と山体崩壊による津波などで一万五〇〇〇人に上る犠牲者を出す災害が起こっている。

さらに、「天保の改革」がはじまってから三年後、各地で不作が続き、特に天保四年には関東や東北地方が冷害となり、台風被害も相まって穀物の価格が急騰したのである。これが「天保の大飢饉」（一八三三年～一八三七年）である。

このように、この時期は幕府の三大改革を阻止するように飢饉をはじめ火山噴火や風水害が次々と起こり、幕府の力は次第に衰退していったのである。

幕末（一八四三年～一八六七年）

十九世紀初頭から欧米列強がアジアに進出した。これに対し，幕府は異国船打払令，薪水給与令，海防の強化などの手を打ったが、十二代将軍徳川家慶の時代になると、国内政治の動揺だけでなく欧米列強のアジア進出によって日本にも圧力が加わり、ペリー来航を機に開国と攘夷、尊王と佐幕の争いが一気に表面化した。一方、物価高騰により庶民生活はいっそう苦しくなり、百姓一揆や打ちこわしが激化した。そして、第十五代将軍徳川慶喜の時、大政奉還、王政復古を迎えることになった。

この時期、まるで江戸幕府の終焉を後押しするかのように、「善光寺地震」（一八四七年）、伊賀上野地震（一八五四年）、「安政東海地震」（一八五四年）、「安政南海地震」（一八五四年）、「安政江戸地震」（一八五五年）、「飛越地震」（一八五八年）というように、この短い十二年間で八回もの大地震がわが国を襲ったのである。さらに、一八五六年八月には、巨大台風が江戸を襲い、江戸を恐怖に陥れたのだ。そのうえ、一八五八年から一八六二年にかけてコレラが大流行し、患者・死者が数十万人におよんだ。これら一連の災害が、江戸幕府の体力を急速に悪化させて、幕府の歴史に幕を引かせたとも考えられる。

第二節　近世の主な災害

一、天正大地震

天正大地震は、安土桃山時代に入ってはじめての大規模地震である。安土桃山時代といえば、織田信長と豊臣秀吉が中央政権を握った時代であるが、まさにこの天正十三年（一五八五年）は、一五八二年の本能寺の変で織田信長が自刃した後、豊臣秀吉が天皇から関白に命ぜられた年である。

天正十三年十一月二十九日、夜の十時頃に、中部地方を中心とした巨大地震が起きた。天正大地震である。『理科年表』によるとマグニチュード七・八とされるが、マグニチュード八・二とする研究もある。

公卿であり、吉田神道宗家でもある吉田兼見が記した『兼見卿記《かねみきょうき》』には、

深夜零時頃、居宅が揺れ損壊し、暫く止まなかった。その不気味さはいかばかりか。地震によって、壬生堂は壊れた。あちこちの民家が壊れており、死者が多数出ている。丹後・若狭・越前（現：京都府～福井県）に津波が押し寄せ、沿岸の民家をことごとく押流し、死者は数え切れないほどである。また近江や伊勢（現：滋賀県・三重県）でも死者が出た。

とあり、京都から福井にかけて地震と津波により大きな被害が出たことがわかる。

次に、本願寺門主顕如の側近で当時大阪にいた宇野主水が記した『貝塚御座所日記《かいづかござしょにっき》』には「二十九日の夜に三十分以上、大地震が起きた、それから十数日間揺れは止まらなかった」とあり、奈良興福寺多聞院主の日記である『多聞院日記』にも「昨夜十一時頃、大地震があった。寺の築垣が方々で崩れおち、寳光院や慈恩院の土も崩れた、昨夜から今朝まで揺れが止まることはなかった」とあり、さらに京都豊国神社社僧である梵舜の日記『梵舜日記《ぼんしゅんにっき》』にも「夜半時分に、地面が大きく揺れ続けて次の日まで続いた。京都に近い国々の海岸沿いにある家は全て津波に呑まれて数多くの人が死んだ」とある。このように、この地震は、中部地方が震源と考えられているが、大阪、奈良、京都での報告から、畿内でも大きな被害が出ており、また海沿いの国では津波被害もあったようである。

『フロイス日本史』には、全国各地の被害状況が記されているが、「日本の諸国でしばしば大地震が生じることはさして珍しいことではないが、本年の地震は桁はずれで大きく人々に異常な恐怖と驚愕を与えた」、「ふつうの揺れ方ではなく、ちょうど船が両側に揺れるように震動し、四日四晩休みなく継続した」、「地震の被害は甚大で、破壊された町村は数知れず、その惨状は信じ難いものであった」とあり、未曽有の地震だった。各地の被害の状況について、フロイスの記録をもとに要約すると次のようであった。

近江の国の長浜では、人家千戸を数える町があるが、地震によって大地が割れ、家屋の半ばと多数の人が呑みこまれ、残りの半分の家屋は炎上し灰と帰した。若狭の国では、大津波が襲い、潮が引き返す時に、大量の家屋と男女の人々を連れ去り、その地は塩水の泡だらけとなって、いっさいのものが海に呑み込まれてしまった。美濃の国では、山の上にある城が山と共に崩れ去り一面が湖となってしまった。伊勢の国は、驚愕すべき破壊が起こり、亀山城が倒壊した。これらの諸国では、巨大な口を開いた地割れが生じて、その割れ目からは、黒色を帯びた泥状のものが立ち昇り、ひどい臭気を放った。

とある。これらの記述から、近畿およびその周辺で広範囲にわたって、地割れ、火災、津波、山崩れ、液状化などによる甚大な被害が起きたことがわかる。

『貝塚御座所日記』には、「飛騨国の帰雲という所は内島氏が治めていたが、地震で山が崩れ内島氏の在所に大洪水が起こり、内島一族は全て死んでしまった」とある。この悲惨な出来事は、『飛騨国中案内』、『飛騨鑑』、『白川奇談』、『岷江記《びんこうき》』にも関連記事が見られる。

ところで、関白になったばかりの豊臣秀吉も被災した。『貝塚御座所日記』には「秀吉は今回の地震の時、滋賀県に滞在していたが、すぐに大阪城にもどった、御城は地震による異常は全くなかった」とある。さらに、『フロイス日本史』には、もう少し詳しく記されており、「これらの地震が起った時、秀吉は、近江の坂本城にいた。しかし秀吉は、全ての業務を放棄し、馬を乗り継いで飛ぶようにしてもっとも安全と思われる大阪に避難した。秀吉の新しい館と大阪城は、倒壊しなかった。秀吉は、地震の間、奥方や側室を伴って館を出て御殿の中の黄金の屏風で囲まれた場所に身を置いた」とある。

二、慶長伏見地震 ・

慶長伏見地震は、文禄五年（一五九六年）閏七月十三日の深夜零時頃に発生した大地震である。『李朝實録』、『日用集』、『言経卿記《ときつねきょうき》』、『義演准后日記《ぎえんじゅごうにっき》』など、多くの記録が残っている。

この地震は、豊臣秀吉が築城したばかりの伏見城が倒壊したことで有名であり、これを契機に豊臣秀吉が没落していったといっても過言ではない。

『理科年表』では、マグニチュードは、七・五とある。今でいう都市型の直下地震であり、京都、大阪、兵庫に大きな被害が出た。

安土桃山時代の公家の山科言経による日記である『言経卿記《ときつねきょうき》』には、「夜中の零時ごろに大地震があった。近頃にはない激しい地震と古老の方が言っていた。小さな揺れは昼夜数知れず起こった」とあり、次の年の四月ごろまで余震が続いたようである。京都、兵庫、大阪など関西圏で大きな被害を出した。

写真5　豊臣秀吉肖像
佐賀県立名護屋城博物館蔵

京都では、豊臣秀吉が築城した伏見城が大きな被害を受けた。『言経卿記』には、「天守閣が崩れ落ち、大名の家も崩壊し、徳川家康の中倉も崩壊し、千人余りが亡くなった」とある。また、フランスのイエズス会宣教師であるジャン・クラッセの著した『日本西教史』にも、「太閤殿下の宮殿は、大高楼がことごとく壊れて、千畳座敷と城櫓が二か所倒れた。この楼は七、八層あり、それぞれに楼があった」とあるが、これは伏見城の天守閣のことであり、その天守閣が崩壊したと記されている。さらに、なんとか難を逃れた秀吉は、城中に一か所だけ残った台所で一晩を過ごし、平地は地割れする可能性があり安心できないので朝早く山の上に仮小屋を造り避難した」とある。

秀吉が天正地震を機に方広寺に建立を計画し、完成したばかりの大仏は、『言経卿記』によると「大仏殿は無事だったが、大仏は胸より下が少し破損した」とある。しかし、『義演准后日記』では「大仏殿は無事だった。これは奇妙なことである。しかし、本尊の大仏は大破し、左手が崩れ落ち、胸が崩れその他所々にひびが入った」とあり、その破損はもっと深刻であったようである。

『言経卿記』によると、兵庫は全てが崩れ去り火災も発生し、ことごとく燃え尽きて、死者は数えきれない状態であった。大阪は、大阪城は大丈夫だったが、町屋のほとんどが崩壊し、死者は数えきれない状態であった。さらに、和泉や堺も予想以上に損壊し、多くの人が死んだとある。ただ、近江より東は被害がなかったようである。死者は京都や堺など千人を超える。

つまり、伏見地震は、関西を襲った直下地震と考えられる。ところで、伏見地震の四日前の文禄五年閏七月九日に、慶長伊予地震があり、震源地の伊予国の対岸にある豊後国においても地震と津波によって大きな被害が発生した。また、伏見地震の前日の文禄五年閏七月十二日には、豊後国（今の大分県）慶長豊後地震が起こっており、津波が発生し、別府湾にあった瓜生島と久光島が沈んだといわれている。このように、西日本において五日間の間に三つの大地震が起こっており、中央構造線上で発生した一連の地震活動と考えられ、大規模な連動型の地震といえる。

写真6　大岩慶長宝永碑（慶長津波（中央）と宝永津波（右）の教訓が刻まれる）徳島県海陽町鞆浦　筆者撮影

三、慶長地震

江戸時代になってまもなく、「慶長地震」が起きた。一六〇五年（慶長九年）十二月十六日のことである。『理科年表』によるとマグニチュード七・九である。地震の揺れはそれほど大きくなく、それに比して津波の高さが高いため、津波地震の可能性が高いといわれている。

史料としては、『宍喰浦旧記《ししくいうらきゅうき》』、『当代記』、『阿闍梨暁印置文』や海南町鞆浦にある『大岩慶長宝永碑』に記された碑文などがあるが、歴史的記録は少ない。

南海トラフ沿いで発生した地震の一つと捉えられるが、震源については、未だ確定しておらず、南海道沖地震説と房総沖と南海道沖の連動地震説、遠地地震説がある。津波は、千葉県から九州に至るまでの広い範囲で発生しており、高い所では三十メートルにおよんでいたと推定されている。津波被害による溺死者については、「阿闍梨暁印置文」（稲毛採集暁印置文）の記述では五千人弱であるが、はっきりしたことはわからない。

『大岩慶長宝永碑』の向かって左側に刻まれた「慶長碑」には、次のように記されている。

敬って申し上げる。言わんとすることは、百十代天皇（後陽成天皇）の御代の一六〇五年（慶長九年）十二月十六日、いまだ午後十時頃で、いつもと変わらず月が白く、寒風が吹いて（体が）凝りかたまって歩くこともできない時分に、大海が三度鳴った。人々が大いに驚き、手をこまねいていたところ、逆波がしきりに起こった。その高さは約三十メートルで、七度来た。それを大塩と名付けた。そればかりか、海底に沈んで亡くなった男女は百人あまりであった。後代に言い伝えるため、これを興し奉る。各々が等しく仏の恵みを受けるに違いない。

四、慶長三陸地震

慶長三陸地震は、一六一一年（慶長十六年）十月二十八日、青森県、岩手県、宮城県を襲った海溝型の巨大地震である。『理科年表』によるとマグニチュード八・一とある。震度はあまり大きくなく、津波被害が甚大なため、津波地震であったようである。また、震源地については確定していないが、三陸沖北部あるいは千島海溝を含む連動型地震の可能性もある。さらに、津波は、岩手県の田老では、約二〇メートルあったとされる。

史料としては、『駿府記』、『福山秘府』、『朝野旧聞裒藁』などがある。

津波の被害としては、『駿府記』に、「溺死者五千人、世曰津波云々」とあり、五千人が津波によって溺死したとある。また、同じく『駿府記』には「此日南部津軽海邊人屋溺失、而人馬三千餘死云々」と記されており、南部藩や津軽藩でも人と馬が三千あまり溺れ死んだとある。

五、明暦の大火

一六五七年（明暦三年）一月十八日に、本郷丸山の本妙寺から出火し、三日にわたり江戸の町を焼き尽くした。「明暦の大火」である。この火災は、江戸時代最大の大火であり、江戸城も焼失した。

この時の気象条件は、激しい北西の風が吹いており、しかも前年から八〇日以上雨が降っていないため乾燥した状態であった。そのようななかで、日を追って三か所で出火したのである。

①一月十八日午後二時ごろ本郷丸山の本妙寺（現在の文京区西片二丁目）から出火。

写真７　明暦の大火『むさしあぶみ』国立公文書館蔵

②一月十九 日午前十 時ごろ文京区小石川三丁目から出火。
③一月二十 日午前八 時ごろ千代田区麹町三丁目から出火。

そして、江戸城をはじめ、大名屋敷一六〇軒、旗本屋敷七七〇軒、町屋は四〇〇町、寺社三五〇、橋六〇、倉庫六〇〇〇を含む江戸の町の約六〇%を焼失したのである。死者数は、十万人台から三万人台まで諸説があるが、少なくとも五、六万人におよんだといわれている。

「むさしあぶみ」には、市民が逃げ惑う状況が克明に記されている。

　数万の貴賤、此よしを見て、退あしよしとて、車長持を引つれて、浅草をさしてゆくもの、いく千万とも数しらず。人のなくこゑ、くるまの軸音、焼くずるる音にうちそへて、さながら百千のいかづちの鳴おつるもかくやと覚へて、おびただしともいふばかりなし。親は子をうしなひ、子はまたおやにをくれて、おしあひ、もみあひ、せきあふ程に、あるひは人にふみころされ、あるひは車にしかれ、きずをかうぶり、半死半生になりて、おめきさけぶもの、又そのかずをしらず

六、元禄地震

元禄地震、一七〇三年（元禄十六年）十一月二十三日、関東地方を襲っ

た巨大地震である。震源は、相模トラフの房総半島南端にあたる千葉県の野島崎で、安房や相模の最大震度は、七と推定されている。関東大震災と同種の地震であるが、規模としては元禄地震の方が大きかった。『理科年表』によるとマグニチュードは七・九～八・二と推定されている。地殻変動の規模は、関東大地震よりも大規模で、房総半島では海底が隆起して、野島岬は沖合の小島から地続きの岬になったといわれている。

当時、大老格として幕政を担っていた柳沢吉保の公用日記である『楽只堂年録《らくしどうねんろく》』には、

　午前四時ごろ、未曾有大地震よって、柳澤吉保父子は急ぎ江戸城に登城。江戸城の大手門付近の堀の水が溢れる、橋を越えてしまったので家臣に背負われての登城であった。

とあり、さらに、

　けさの地震は、武蔵・相模・安房・上総・下総・伊豆・甲斐、七か国に被害が及び、その中でも、特に揺れが強かったのは、安房・相模で、相模の小田原は、城が崩れて火災が起き、寺院や民家が壊滅的な打撃を受けた。

とある。関東全域で大きな地震被害が出たのである。さらに、

　同時に大津波が、東南方面から発生し、安房・上総・下総・伊豆・相模の沿岸に押し寄せ、民家を押流し耕作地を壊滅させた。

とあり、津波も今の千葉県から東京、神奈川に押し寄せたことがわかる。

具体的な、被害は、死者六七〇〇人、潰家や津波による流失家屋は、約三万軒に上ったと記録されている。『資料日本被害地震総覧』では、死者数一万三六七人とあり、その内訳は千葉県が六割以上を、神奈川県が二割以上を占めている。また、家屋についても、全壊が二万二四二四軒、半壊九九一軒、流家五九六三軒以上となって

いる。

七、宝永地震

宝永地震は、一七〇七年（宝永四年）十月四日、東海道沖から南海道沖を震源域として発生した、いわゆる南海トラフ巨大地震である。地震の規模は、『理科年表』によるとマグニチュード八・六である。

当時の史料としては、『竹橋余筆』、柳沢吉保の『楽只堂年録』、『谷陵記』、『鸚鵡籠中記《おうむろうちゅうき》』、『朝林』などがある。

家屋の倒壊地域は、駿河中央部、甲斐西部、信濃、東海道、美濃、紀伊、近江、畿内、播磨、大聖寺、富山、さらに中国、四国、九州におよんだ。地震の揺れは、東海道、伊勢湾沿い、および紀伊半島で酷かった。また、この地震は海溝型の地震であるため津波による被害が大きく、津波は、伊豆半島から九州に至る太平洋岸、大阪湾、播磨、伊予、防長を襲った。白須賀（静岡県湖西市）で九メートル、鳥羽で二四メートル、串本で一七メートル、広で一四メートル、種崎（高知市）で二三メートル、豊後佐伯（大分県佐伯市）で一一・五メートルなど、広域にわたり大津波が襲った。

人的な被害については、『竹橋余筆』および『楽只堂年録』にまとめられた各藩の損害の幕府への報告数など、確かな数字の合計では死者五〇〇〇人余とされるが、様々な史料を総合すると少なくとも二万人は下らないと考えられる。たとえば、大阪だけでも、確かな史料である『鸚鵡籠中記』に、「地震にて圧死が三六三〇人、高浪にて溺死が一万二一〇〇人余」とある。また、幕府の被害報告書の写しと推定される尾張藩士の堀貞儀が記録した『朝林』には圧死者五三五一人、溺死者一万六三七一人とあり、少なくとも大阪における犠牲者は二万一〇〇〇人を下らないと考えられる。

八、宝永大噴火

宝永地震からわずか一か月後の一七〇七年（宝永四年）十一月二十三日に富士山が大爆発を起こした。宝永大噴火である。

富士山の南東山腹（宝永火口）から噴火した。この噴火の特徴は以前の噴火では溶岩流が大量に流れたが、この噴火では溶岩はあまり流出せず、黒煙や噴石、空振、降灰砂、火山雷などが起きた。富士山の麓の村々は、大量の噴石や火山灰が降りそそぎ、五十余りの集落が埋没したといわれる。

『富士山焼出しの事』には、

廿三日より廿七日迄五日之内砂之ふる事須走村壱丈余、下は御殿場村、仁杉村を切り、東は足軽山御厨領砂の降る事、或は三尺、或は四尺ばかりずつ降り積り、谷河は埋まり、平地となり、竹木は色を変じて枯山となり、人の之住むべき様もなし。

とある。

そして、その後、この地域では農作物は作ることが出来ず、飢饉が発生した。

一方、その日のうちに江戸にも多量の降灰があった。新井白石は、当時の様子を『折たく柴の記』に、次のように記している。

昨夜、地震があり、この日の正午ごろ、雷が鳴った。家を出るとき、雪が降っているように見えるので、よく見ると、白い灰が降っているのである。西南の方を見ると、黒雲がわき起こり、雷の光がしきりにした。

江戸の町に積もった灰は多い所では一〇センチ以上になった。さらに、降灰は房総半島まで被害がおよんだといわれる噴火は十二月八日まで二週間以上にわたり続いた。

九、寛保洪水

寛保洪水は、一七四二年（寛保二年）の旧暦七月から八月にかけて本州中央部を襲った台風による大水害である。その被害の全容は、はっきりわかっていないが、『日本歴史災害事典』では、「溺死者は江戸では三九一四人。葛西領ではおよそ二〇〇〇人が行方不明」とあり、一万四〇〇〇人が亡くなったという説もある。

江戸では、洪水と高潮で市中が水没し、大きな被害が出た。『徳川実紀』には、八月一日の項に「この日、雨が降りしきり、所々の川の水が溢れ、多くの地域が洪水による被害を受けた」とある。さらに、八月八日には、少し水位が下がったと思われたが、「この日また疾風・暴雨になって、浅草や下谷が増水し、約三メートルに達した」とある。

また信州では、この台風により、千曲川と犀川流域で大洪水が発生した。これを「戌の満水」と呼ぶ。松代藩領はこの千曲川と犀川が合流する地点なので洪水による水量も多く、御幣川村が壊滅するなど、藩全体で一二二〇人が犠牲になり、田畑の被害も六万一六二四石余と甚大であった。

十、天明の大飢饉

天明の大飢饉は、一七八二年（天明二年）から一七八八年（天明八年）の長期にわたり発生した近世では最大の飢饉である。天明二年から三年にかけて東北地方は、暖冬と冷夏に見舞われたのである。天明三年三月には岩木山が噴火し、七月八日には浅間山が噴火して、東北各地に火山灰を降らせたことで日射量低下による更なる冷害をもたらすこととなり、農作物には壊滅的な被害が生じた。このため、翌年から深刻な飢饉状態となったのである。

さらに、この飢饉がはじまった四年後の一七八六年（天明六年）に追い打ちをかけるように、利根川水系で大水害が発生した。天明の洪水である。七月の集中豪雨による利根川水系の川の氾濫によって浸水が数丈（六〜九メートル）にもなったのである。そして、江戸の市中に濁流が流れ込み、本所あたりでは四・五メートルほど浸水し、多くの橋が流された。市内では、溺死者の数は数えきれないほどになり、『徳川実紀』の中で、「これまでは寛保二年をもて大水と称せしが、こたびはなほそれに十倍」というほどの被害が出た。この洪水で飢饉の被害はさらに広がったと考えられる。

この大飢饉での死者は東北で少なくとも二〇万人、全国では九〇万人以上が餓死したといわれている。

十一、浅間山大噴火

一七八三年（天明三年）七月八日、浅間山が大噴火した。

四月に活動を再開した浅間山は、七月初旬まで断続的に活動を続け、七月八日に大噴火を起こした。このとき発生した火砕流に嬬恋村（旧鎌原村）では一村一五二戸が飲み込まれて四八三人が死亡したほか、群馬県下で四〇の集落が被害を受け、一四四三人の犠牲者を出すとともに九五七棟の家が流された。（『群馬県吾妻郡誌』）

十二、島原大変《しまばらたいへん》肥後迷惑《ひごめいわく》

島原大変肥後迷惑とは、一七九二年（寛正四年）四月一日に肥前国島原（長崎県）で発生した雲仙岳の火山性地震とその後の眉山の山体崩壊に起因する津波が島原や対岸の肥後国（熊本県）を襲ったことによる災害である。

四月一日の夜八時頃、二度の強い地震とともに眉山から海中にかけて大音響が起こり、眉山の山体崩壊が発生した。山体崩壊で大量の土砂が有明海になだれ込んできた衝撃で大規模な津波が発生した。津波は島原半島の対岸にある肥後・天草の沿岸部を襲った。津波の遡上高は高い所で五〇メートルにも達したのである。多くの家屋や田畑が流されて、島原領で一万一三九人、天草で三四三人、肥後で四六五三人が亡くなった。

十三、善光寺地震

一八四七年（弘化四年）三月二十四日、信州の善光寺平を震源とした直下型地震が起きた。善光寺地震である。地震規模を示すマグニチュードは『理科年表』によるとマグニチュード七・四である。

被害地域は、信濃国北部から越後国西部におよんだ。特に、現在の長野市では震度七を記録したと推定される。また、山崩れや地滑りの被害が大きかったことが特徴といえる。さらに、虚空蔵山《こくうぞうさん》の崩壊によって、犀川が堰き止められて、その後決壊したため大洪水となり、下流地域に甚大な被害を出した。

善光寺町内は、地震当日は善光寺開帳の最中で全国からの参拝者でにぎわっており、周辺の宿には七千人から八千人の宿泊客がいた。地震はその夜の十時頃に起こったのである。善光寺の本堂は何とか持ちこたえたが、大勧進では万善堂や護摩堂など多くの施設が大破した。また、善光寺領では約二四〇〇戸の民家が倒壊した。さらに、大規模な火災が発生し、善光寺町だけで、死者が二五〇〇人にも上ったが、その多くは焼死であった。

ところで、松代藩主自身が各地に赴き被害状況の確認をしている。地すべりだけで四万一〇〇〇か所も起こったのである。また、地震発生から二十日後、虚空蔵山の堰き止めが決壊し、濁流が街を襲い深い所では、その深さが二〇メートルにもなり、二〇〇〇戸近くが流されて、一五〇〇人前後の死者が出た。

最終的には、周辺の藩も合わせると死者が八五〇〇人余に上った。（『長野市誌第四巻』）

十四、安政東海地震・安政南海地震

一八五四年（嘉永七年）十一月四日午前九時頃に、紀伊半島島南部の熊野沖から遠州沖、駿河湾内に至る広範囲を震源として地震が起きた。安政東海地震である。『理科年表』によるとマグニチュード八・四と推定される。続けて、約三十二時間後の十一月五日の午後四時頃に紀伊水道から四国にかけての南海トラフ沿いを震源として地震が起きた。安政南海地震である。地震の規模も、『理科年表』によるとマグニチュード八・四で、先に起きた安政東海地震と同じと推定される。さらに、その四〇時間後の十一月七日、午前十時頃、伊予西部・豊後を震源とするマグニチュード七・三から七・五（『理科年表』）の地震が起こった。これら三つの地震は連動していると考えられ、またその被害を明確には分けることができない。

まず、安政東海地震から見ていこう。その被害は関東から近畿におよび、沼津から伊勢湾にかけての沿岸一部の倒潰率は十パーセント以上であり、沼津城内の住居は全て潰れ、横須賀でも全ての建物が倒れた。火災による被害も多くの箇所で見られる。また、甲府から松本・松代にかけても倒壊と火災で大きな被害がでた。

津波は、房総半島沿岸から土佐まで激しい津波に見舞われ、特に下田、遠州灘、伊勢志摩、熊野灘沿岸に大津波が押し寄せた。下田では約五メートルの津波により八四〇軒が流され、停泊中のロシア軍艦ディアナ号が大破・沈没した。志摩半島の甲賀で一〇メートルを記録している。さらに、志摩半島の国崎では「常福寺津波流失塔」の碑文に、「潮の高さは城山、坂森山を打ち越えて、彦間にて七丈五尺（二二・七メートル）に達した」と記されている。この地震の犠牲者は二〇〇〇人から三〇〇〇人といわれている。

次に、安政南海地震の被害を見ていく。被害は中部地方から九州地方へおよぶ。震源域近くでは、被害の原因が地震か津波かは判別がつかない。和歌山領で全半壊が一万八〇八六棟、流失八四九六棟、溺死六九九人、山崩れ

写真８　安政大津波の碑
（大阪市浪速区）　筆者撮影

二一六か所などとなっており、圧倒的に被害が大きい。津波は、串本で一五メートル、古座で九メートル、阿波の牟岐で九メートル、土佐の久礼で一六・一メートルというように、現在の和歌山、徳島、高知の沿岸部で高くなっている。一方、大阪では、津波の高さは二メートル弱と低いが木津川、宇治川を逆流し停泊中の八〇〇〇隻もの船が破損し、多数の橋を壊し、死者が七〇〇〇人ともいわれるほど出たとされる。この地震による犠牲者は、はっきりせず数千人といわれるが、大阪の死者数を考えると一万人を超えていたかもしれない。

ところで、前日に起きた東海地震によって、被害が軽減された面もある。東海地震での強い揺れと津波の経験が、翌日の南海地震のより強大な揺れと津波への準備となったのである。東海地震・東南海地震・南海地震は周期的に起きており、次の南海トラフ巨大地震への参考になるかもしれない。

十五、安政江戸地震

安政江戸地震は、一八五五年（安政二年）十月二日午後十時ごろ、関東地方南部で発生した直下型地震である。地震の規模は、マグニチュード七から七・一である。安政東海地震、安政南海地震から一年も経たないうちに、日本の中心地が地震で襲われたのである。江戸の下町、特に本所、深川、浅草、下谷、小川町、曲輪内の揺れが激しかった。

写真９　安政江戸地震　『安政見聞誌』　国立公文書館蔵

地震後、三〇余か所から出火したが、風があまりなかったので大規模な延焼は起きず翌日の午前十時頃には鎮火したが一・五平方キロメートルを焼失した。ただ、武家屋敷の被害が大きく、旗本や御家人らの屋敷は約八〇パーセントが焼失、あるいは全潰、半潰または破損の被害を受けた。

死者は町方において、幕府による二回目の調査で、四七四一人であるが、町家よりも総面積が広かった寺社領や武家屋敷の被害が甚大だったことを考えると死者は一万人くらいであろうとされる。また、この地震で、水戸藩の藩邸が倒壊して、戸田忠太夫、藤田東湖が死亡した。ただ、『近世史略』には、「十月二日の夜、東国で大地震があり、江戸で最も激しく、御城や邸宅がことごとく壊れて、死亡の者はおよそ十万四千人という。」と記されているものもあり、相当数がかけ離れているため、実際の犠牲者の数は不明である。

江戸幕府は、江戸城や幕閣らの屋敷が甚大な被害を受け、前年の安政東海・南海地震での復旧・復興費用や被災者への支援に引き続き多額の出費を強いられたため、財政悪化が深刻化した。

十六、安政の台風

一八五六年（安政三年）八月二十五日から翌二十六日にかけて巨大台風が江戸を襲った。「安政の台風」である。三度の巨大地震が立て続けに起こり、幕府も庶民も疲弊しきっているなか、今度は巨大台風が江戸のすぐ西側を通り、暴風雨と高潮が江戸に被害をもたらした。

『武江年表』には、次のように記されている。

二十五日、夕方になって次第に大雨になり、南風激しく、夜の九時からは特に激しく最近では稀な暴風雨であり、高い木を折り、家屋や塀が壊れた。また、津波（高潮）によって逆波が漲って、大小の船を転覆させ、または岸に打ち上げ、石垣を壊し、大波が陸地へ氾濫して家を壊した。この間、水面にしばしば火の光が見えた。この時、水中にある溺死・怪我人はさわるべきでない。

大型台風によって、暴風と高潮による被害が甚大であった様子がわかる。次に、『東京市史稿』を見てみよう。

江戸は、暴風雨に見舞われ、城中をはじめとして市中大小の家屋がほとんど壊されてしまい、芝、高輪、品川、深川、洲崎等の海岸は高潮の被害があった。本所は床上浸水し、永代橋、新大橋、大川橋はいずれも損傷し、築地の西本願寺や芝の青松寺、本所の霊山寺の仏殿をはじめとして多くの神社仏閣は倒壊したり、破損したりした。その被害は、実に安政二年の地震災害の二倍はあるといわれている。

このように江戸は、江戸城をはじめ市内全域が被災し、特に東京湾沿岸地帯は、高潮によって浸水し、多くの寺院や家屋が潰され流された。また、『続武江年表』に、「つぶれた家から出火して、雨の中焼け広がり、明神町、三島町、宇田川町西の方などへ延焼した。」さらに「市ヶ谷、吉原町の内、下谷金杉村、浅草、日輪寺内、その他、所々潰れた家から火が出た。」とあり、火災も複数箇所から発生していた。

写真10　安政の台風　『安政風聞集』　国立公文書館蔵

この台風と高潮による死者は諸説がある。『近世史略』に「八月東国で大風雨があり、江戸が最も激しく、築地の西本願寺のお堂が倒され、死傷者およそ十万人余という。」と記されている。また、『東京市史稿』では、「そのいたましい被害は、実に安政江戸地震の二倍といわれる。」とあり、安政江戸地震の犠牲者の数を仮に一万人とすれば二万人程度と考えられる。実際の数は、不明であるが、水害としては最大規模の災害であったことに違いはない。

十七、安政のコレラ

わが国ではじめてコレラが流行したのは、一八二二年（文政五年）二月である。対馬から下関ルートで日本に初上陸したといわれる。驚異的な速さで九州・四国・近畿に広がった。当時、この奇病の名前はなかったが、「コロリ」と呼ばれることが多かった。感染して二、三日で亡くなるところから付いた名前であったのだろう。

次に流行したのが、一八五八年（安政五年）である。この四年前の一八五四年に「安政東海地震」「安政南海地震」が連続して発生し、地震と津波で大きな被害が出ている。そして、三年前の一八五五年に安政江戸地震が起き、さらに一八五六年には「安政の台風」が吹き荒れ、多くの被害を出した。それに続いて、コレラが海外からもたらされ、何十万という人が亡くなったのである。

しかも、コレラが流行る三年前にペリーが浦賀に来航し日本に開国を迫っていた矢先の一八五八年（安政五年）

五月二十一日にアメリカ軍艦ミシシッピ号が、コレラに感染した乗組員を乗せて長崎入港したのである。それと同時にコレラも日本上陸した。その後、六月には、東海道を通り、七月に江戸に入り、八月には全国に流行したのである。

『安政箇労痢流行記』には、江戸の状況について次のように記している。

江戸には、七月上旬赤坂辺りで流行が始まり、霊岸島辺にも多く病人が出て短期間のうちに諸方に広がった。八月上旬より中旬にかけて病気は倍々に広がり、死者は一町で百余人、少ない所でも五、六十人となり、葬礼の棺の列が大通りも路地にも続き、昼夜を問わず絶える間がなく、江戸内の数万の寺院は何処も門前に人が集まり、焼場の棺置き場では積重ねて山の様である。

対処法や治療法がほとんどない状況で、多くの人々が次々亡くなっていった様子が描かれているが、同じく『安政箇労痢流行記』には、八月の一か月で一万八七三七人が亡くなったとある。ただ、それがどこの地域に限定されたものかははっきりしない。また、それより桁違いの死亡者数が書かれているのが、『諸宗寺院死人書上写』である。そこには、江戸にある寺ごとの死者数が記録されており、それによると一八五八年（安政五年）七月二十七から九月二十三日までの五五日間で二六万人が亡くなったことがわかる。死者数については、このように江戸を見ただけでも、相当開きがある。全国規模でどの程度亡くなったかは、その正確な数は把握できない。

第三節　江戸時代の災害観

江戸時代、人々は災害をどのように捉えていたのであろうか。

一、江戸時代の天譴論

わが国では、天譴論は、古代は天皇を対象に、中世には為政者としての幕府の将軍を対象に、その悪政に対して、天が降す罰として捉えられてきたが、近世においても徳川幕府の将軍の悪政に対して天罰として災害が起きると捉えられていたようである。

五代将軍の徳川綱吉は、彗星が現れたことに対して、「国政に関わり将軍となって三年になる。その職を怠ったためか、あるいは政治に不正があるのか、そうでなければこのような天変地異は起きるはずがないことだと、おっしゃった。」(『徳川実記』)と、天譴論の立場から自分を責めている。ちなみに、古代から彗星が天に現れるというのは、不吉なことが起こる前兆として恐れられていた。つまり、江戸時代は中世以来の、いわゆる軍事政権であり、そのトップである将軍の政治が悪ければ天罰が下るという思想が受け継がれてきたのである。

また江戸時代の政道書である『本佐録』には、「国や天下が乱れる時は、彗星や大地震、大火事、大洪水、飢饉、好色、親しい臣下が多く死ぬということがあれば、それは天子の政治が悪いために人民が苦しんでいるということが天に通じ、天下国家を滅ぼすということを、天道が告げているのだ」とある。つまり、天道が天罰を降すというのである。この「天道」とは、中国が起源である。「天」は宇宙万物を生み出し、それを支配すると考えられており、「天」から人間に道徳性および政治倫理の規範が与えられている。それに基づいて「天子」が世を治めると考えられた。儒学や道家において「天」の道、つまり天道が説かれ、天に代わって世の中を治める皇帝や王といった「天子」の根拠となった。日本にも「天」の思想は古代から輸入され、特に戦国の世になると、武将たちは日月の運行や四季の循環などの人為をはるかに超えた自然の運行によって人間の運命も託されているのであるという天道思想が広がっていった。同時に、天道にかなえば天下を治める資格が与えられるという倫理的根拠として、武将たちに受け入れられて、天道思想が天下を治める倫理的権威となった。そして、最終的に天下を治めることになった徳川家康が江戸幕府を開いたのである。

ところで、江戸時代の天譴論者の一人である安藤昌益は、間断なく続く災害を憂い、特定の為政者を批判するのではなく、君主により上下関係で社会を治めようとする身分制社会自体が天譴の対象となっていると捉え、独自の天譴論を展開して、徳川幕府をも批判している。

二、天運論

江戸時代になると、地震の原因を科学的に考えようとする機運が生まれる。

一六六二年（寛文二年）に発行された『太極地震記』という書物がある。作者は不詳である。書名に「地震」という言葉が使われている初めての出版物である。

その内容は、陰陽五行説に基づいている。まず、地球は鶏卵状をなしており、殻の中は地上と同じように地水火風の四元素より成り、陰陽が循環しているので万物が融合、均衡が保たれて安定しているとする。

そして、地震が起こる理由として、次のように述べている。

地震はなぜ揺れるかというと、鶏卵の中の地水火風が変化することによって起こるのである。風が激しく吹けば、上にある火もその影響で盛んに燃え、火が盛んになると火の上にある水もいつもよりも沸騰する。そうなると水の上にある大地も動くのである。

当時としては、最新科学の知見からの仮説と捉えることができよう。少なくとも地球が殻に覆われていて、中は流動しているという意味においては全く的外れな理論ではない。

次に、西川如見（一六四八年～一七二四年）は、江戸時代の中期に活躍した天文学者である。如見の地震の原因の理論を見てみよう。如見が著した『怪異弁断』の凡例の中で、

中国では戦国以来、陰陽家たちが、出しゃばって、天変地異があるたびにその原因を説いて吉凶禍福に求めることが大変多かった。したがって、天変地異が起こる時は、君主が密かに徳を積んで平静にしようとしても人民は怪しみ惑い恐れ憎んで人民の心が乱れる時は、国土の神気も動乱して、天地は災禍を人間に与えるつもりはなくても、人の乱れた気に引き付けられて災禍を起こしてしまうことになる。これは吉凶禍福を定めることの弊害である。

と述べている。つまり、古来中国では、天変地異を天譴として捉え騒ぐから、人民の気が乱れ、そのことによって災害が起こる。したがって、天譴論は世の弊害になるというのだ。また、同じく西川如見の記した『町人嚢』でも災害時における天譴論を否定している。

天地に不吉な出来事はない。災いは人にある。地震、洪水、大風は天気大過の運動万物のたかぶる気を制して平常の気に戻る時である。雷は万物の発動を催し、地震は土の中の陽気の過剰なエネルギーを洩らし、洪水は万物の燥気を潤し、濁った気を洗う、大風は有り余った熱の気を制し、鬱積した気を散らす。これらは全て天の通常の現象であり、天地が出来て以来継続して起こってきたことである。人がこのことを凶事と捉えるのは、人命を落としたり、財物を損なったりするからである。

つまり、天変地異は、自然の通常の出来事であるのだが、人間に被害が生じるから災いと捉えるのだという。『太極地震記』と同じように、気論に基づいた理論であるが、地震を自然現象として捉えており、これを不吉なことと捉えるのは人間に害がおよぶからであるとし、災害を科学的見地から捉えようという態度が見られる。

このような、災害を自然現象として捉えようという態度は、人間の行いと災害との因果関係を否定、あるいは切り離すことになる。その結果、天皇や為政者を対象とした天譴論の否定につながるとともに、災害に遭うことは人間の手のおよばない話、つまり天運、あるいは運命であるという天運論、運命論につながる。

三、地震と鯰

現代でも、地震が起きるのは鯰が地面の下で暴れるからだなどということがある。また、地震を表すキャラクターとしても鯰が使われたりしている。多くの人は、それを信じているわけではないが、地震と鯰は私たちの災害文化として確固たる地位を得ているようだ。

ところで、災害と鯰が関連づけられるようになったのは、宮田登氏によると、古代からであり、『日本三代実録』や『今昔物語集』に見られる。例えば、『今昔物語集』には、寺に閉じ込められた大鯰が住職の夢の中に出てきて、二日後に大風が起こり、村も寺も壊滅して鯰が地上に出てくると予言し、その通りになる。住職はその鯰を食べて罰が当たり死んでしまう、という話がある。

地震との関係で最もポピュラーな話は、鹿島大明神が要石で鯰が地震を起こさないように抑え込んでいるというものである。いつからこのような俗信ができたかは定かではないが、少なくとも江戸初期には出来上がっていた。

寛永年間の書籍に兒島不求正長の著した『天地或問珍』という地学の本があるが、その中に「鹿島の要石ということ、児女の諺であって話にもならない。大きな鯰が地底にいて日本国中載せないところはない。鯰の尾かヒレを動かせば地震が起こる。だから、鹿島大明神が要石をもって押さえているという。考えるとなぜその鯰は日本だけ載せて中国を載せないのか、中国にも地震があるのに。一笑に付することである。」とあり、つづいて、『日本書紀』

写真11　安政大地震絵（鯰にお札を貼る要石）
国立国会図書館蔵

には鹿島大明神が地震の神様だとは書いておらず、地震の神は他にあるとしている。このように『天地或問珍』では、鯰が地震を起すというのは迷信であるとしているが、少なくともこの時代にはこのような俗信が世の中に流布していたということができる。

江戸時代末期になると鯰が地震を起すという俗信は庶民の間で広く信じられていたようで、特に、一八五五年（安政二年）の安政江戸地震の直後には、鯰をモチーフにした錦絵が大量に出回った。その期間は、地震が起きてから幕府が禁止するまでの一年ほどであるが、江戸の人々の心をつかんだ。鯰絵において、鯰は神格化され、地震という災いを起す厄神としての鯰、同時に世直し的な意味合いを感じさせる福神としての鯰として描かれた。

四、コレラと狐と狼

安政のコレラが流行した際に、庶民たちは、原因は妖怪変化の「虎狼狸《ころうり》」によるものだと流言した。虎狼狸とは、虎と狼と狸が合体した妖怪である。

また、静岡県大宮では、「くだ狐」によるものだという俗信が広がった。「くだ狐」とは憑き物の一つで、小動物で竹の管を通って体内に侵入して悪さをして殺してしまう妖怪である。そして、この世のものでない異界からの妖怪である「くだ狐」を退治できるのが「狼」とされた。具体的には、当時、東海道筋の東駿から伊豆にかけて、コレラ除けに、お犬さまの「お札」が用いられたのである。ここでいう「お犬さま」は狼のことであり、昔から、埼玉県の秩父にある三峯神社や東京都にある武蔵御嶽神社ではお犬さま信仰がある。そのお犬様のお札がコレラ除けに良いということで、コレラが広がるなか、急速にお犬様信仰が流行したのである。三峯神社の公式記録『三峯神社日鑑』によれば、安政五年八月になると御眷属《ごけんぞく》（お犬さま）拝借の登山者が急増し、八月十五日には「日増しに日増に代理で参拝する人が多くなり、特に東海道や江戸芝口からコレラ除けの心願のために参詣されます。」とあり、八月二十四日には、「御眷属拝借は一万になった」と膨れ上がっていった。

また、コレラは、「アメリカ狐」とか「イギリス疫兎」とも呼ばれた。その時代背景には、ペリーが来航するなど西洋が日本に開国を迫るなか、攘夷思想や立て続けに起こる地震や洪水によって、社会に不安が広がり混乱している最中に、追い打ちをかけるように、コレラが流行し多くの人々が次々と得も言われぬ姿で死んでいったのである。まさに、コレラはアメリカやイギリスが日本を侵略しようとして連れてきた、妖怪だったのである。

第四節　災害と徳川幕府

一、災害時の救済

幕末から明治にかけて活躍し、王政復古の際に幕府側代表として西郷隆盛と会見し、無血開城を実現した勝海舟が晩年に著した『氷川清話』に、「難民の救済」と題して、明治三陸地震・津波の被害に対して、政府の対応ぶりがあまりに無策で手ぬるいことに憤慨し、批判している。そして、

徳川時代にはチヤント手が揃って居るから、イザと言ふこの様な場合になると、直《す》ぐにお代官が被害地に

駆け附《つ》けて、村々の役人を集め、村番を使うて手宛をするのだ。

先づ相応な場所を選んで小屋掛けをするのだ、此処で大炊《おおた》き出しをして、誰れでも空腹で堪《た》まらない者にはドン〱惜気《おしげ》もなく喰《く》はせるのだ、さうすると、この様な時には、少し位、身体の痛む者も、みんな元気が附《つい》て来るものだよ。

炊き出しの米は、平生やかましく責立《せめた》てなくとも、チヤンと天災時の用意がしてあって、何処《どこ》へ行きてもお蔵米がかこってある。それだからイザ天災といふ時でも、苦労せずに、窮民を救ふことが出来るのだ。

窮民に飯を喰はせなければ、みんな何処《どこ》かへ逃げて行つてしまふよ。逃げられては困るヂヤないか、どこまでも住み慣れたる土地に居た者を、その土地より逃がさずにチヤンと住まはしておくのが仁政と言ふものだよ。

それから怪我人は、矢張り急場の間に合はせに幾らも大小屋を建て、みんな一緒に入れて置くのよ。さうして、村々のお医者はここへ集つて夜の目も眠らずに、急場の療治をするのだ。

何でもこの様な時は素早いのが勝ちだから、ぐづ〱せずに療治していったものだ。それゆゑ、大怪我人も容易に死なゝかったよ。

徳川時代は、イクラお医者が開けないと言うても、急場になつてマゴ〱する様な者はなかったよ。それに、なか〱手ばしつこい事をして療治するから、ドンナ者でも手遅れの為《ため》に殺す様な事はなかったものだよ。左様《さよう》の風にやつて行くと津浪のために無惨なる者も憂き目を見る様な事が無くなって来る。それから、三ヶ年も五ヶ年も、ツマリ被害の具合次第で納税を年賦にして、ごく寛《ゆ》るくしてやるのだ。

一方では怪我人や飢渇者を助け、他方では年貢を寛るめるから、被害の窮民は悦《よろこ》んで業につく様になるものだよ。かうなれば、モーしめたもので、安心さ。

と述べている。大規模災害が起きたら、すぐに役人が現地に駆けつけ、調査をして手当をする。具体的には、すぐに仮設の小屋をたて、災害時のために備蓄してある米を使った炊き出しをして被災者に振舞い、けが人はそれようの小屋を建てて医者が集まって応急処置をするから、手遅れということはなかった。そして、被害の状況によって三年、五年単位で減税を行った、というのである。つまり、江戸時代は大規模災害が起きた際に、庶民を救済するシステムが確立しており、素早く対応できていたのである。

実際に、佐久間長敬の『安政江戸大地震実験談』には安政江戸地震の際の行政としての初期対応がリアルに描かれている。当時、江戸の南町奉行所の与力《よりき》をしていた佐久間長敬が明治になってから講演した記録によると、十九歳だった佐久間は午後十時頃に地震が発生した直後、家族の無事を確かめるとすぐに与力仲間など二五人を呼び集めた。そして地震によって起きた火災現場をかいくぐって奉行所に駆けつけ、当日の夜のうちに長老の与力らとともに、被災者救援策を定め、直ちに市民に公表したのである。

一、罹災民へ炊き出し握り飯を配付する事
二、宿無しになった者の立ち退き先として御救小屋を建てる事
三、怪我人を速やかに救療し手当をする事
四、問屋の代表を呼び出し日用品や必需品の確保させる事
五、職人仲間の代表を呼び出し諸国より職人を集める事
六、売り惜しみ、買い占めをする悪徳商売を警戒する事
七、諸物価や手間賃の法外な引き上げを取り締まる事

八、与力・同心をして町内見廻りさせ、救助や取締まりをさせる事
九、町名主中にも震災対策の掛りを申し付ける事

そして、すぐにこれらの内容が実行され、翌日には、にぎり飯の配布が開始され、御救い小屋は二千畳敷きの広さ約千坪の五棟が建てられ、このうち二棟を地震発生から四日後に完成した。なお、佐久間は、地震の翌日の朝から市内の見廻りの職務を遂行している。

ここで、特に注目したいのは、「御救小屋」である。佐久間は、次のように述べている。

江戸時代、この仮小屋を建てるのに素早くできる。すぐに出来るための構造は、長い丸太を合掌に組み、屋根に苫を葺き、入口にはムシロを下げる。小屋の中は、転ばし根太の方法で丸太を地面に並べて、その上に松の六分板を敷き並べて畳を敷く。これら諸品目は常時たくわえてあった。屋根板はこけら葺きで、一坪ずつ、あらかじめ葺いてある。羽目板は四分板が重ねてあり、障子も、雨戸もみんな貯蔵してあった。千坪ぐらいの仮小屋は半日で出来てしまう仕組みが用意してあった。（佐久間長敬：『安政大地震実験談』）

つまり、災害が起きたら当日か翌日には仮設小屋が立つということである。これは、現在の仮設住宅が二週間程度かかるのと比べると格段に速い。どちらかというと現在は学校や公民館などを避難所としているが、プレハブ式の避難所をすぐに立てるというイメージである。しかも、現在の一般的な小学校の体育館が二〇〇坪くらいなのでその五倍もの広さの仮設避難所である。そう考えると、当時の建築技術の高さとともに災害時緊急対策のレベルの高さがわかる。

徳川幕府は、軍事政権であるため、危機対応能力が組織的に高かったのであろう。佐久間ら南町奉行所のスタッフが地震直後に参集し、これだけ早く組織的に災害対応ができるということは、いわゆる災害対応マニュアルが整

備されていたと考えてよい。さらに、炊き出しや仮設避難所などのシステムが整っていたことも、驚くべきことである。

なお、御救小屋は、一七八六年（天明六年）の天明の水害、一八二九年（文政十二年）の己丑の大火、一八三六年（天保六年）天保の飢饉などでも設置された。特に、天保の飢饉では、天保七年に江戸に神田佐久間町・花房町・柳原土手など二一か所に御救い小屋を設け延五八〇〇余人を収容し、翌八年には行倒れの防止のために品川・板橋・千住・内藤新宿などの府外にも建てられた。

二、**災害復旧・復興**

江戸幕府では、災害復興にあたり、「大名の手伝普請」という制度を整えていた。これは、一言でいうと幕府を中心として統制された災害時土木復旧・復興広域ネットワークが整備されていたのである。たとえば、寛保二年江戸洪水の際、幕府は、被災者を救出するために、船を洪水地域の下町へと派遣して、溺れている人たちを救出し、粥や飯を支給した。

その後、幕府は被害の少なかった西国諸藩一〇藩に命じて利根川・荒川などの堤防や用水路の復旧に当たらせた。これを「大名の手伝普請」という。元来、大名課役の一つで、幕府が行う大規模土木工事に労働力や資材、金品を負担するものであるが、災害などによる復旧工事にも適用された。具体的には、この洪水では、十月六日、十の大名が特命された。江戸藩邸に在府中である岡山、津、鯖江、出石、飫肥、臼杵藩の藩主には直接登城することを命じた。他の藩の場合は奉書を送った。災害復旧のための普請の分担は、次のとおりである。

肥後・熊本藩　藩主　細川宗孝　普請場所　江戸川　庄内古川　古利根川　中川　横川　綾瀬川

長門・萩藩　藩主　毛利宗広　普請場所　上利根川右岸
伊勢・津藩　藩主　藤堂高豊　普請場所　権現堂川　思川　赤堀川（現在利根川中流部）鬼怒川　栗橋関所前
備前・岡山藩　藩主　池田継政　普請場所　上利根川左岸　烏川　神流川　渡良瀬川
備後・福山藩　藩主　阿部正福　普請場所　下利根川
但馬・出石藩　藩主　仙石政辰　普請場所　小貝川
越前・鯖江藩　藩主　間部詮方　普請場所　新利根川
讃岐・丸亀藩　藩主　京極高矩　普請場所　荒川　芝川　星川　元荒川
日向・飫肥藩　藩主　伊東祐之　普請場所　荒川
豊後・臼杵藩　藩主　稲葉泰通　普請場所　荒川

第五節　武士道と社会貢献思想

一、徳川家康の慈悲の思想

徳川幕府は、もちろん軍事政権である。この伝統は、平氏が実質的に政権を担った段階、あるいは源氏が鎌倉幕府を開いた時から、つづく伝統であるが、徳川幕府が誕生した段階で、より成熟した武士による政権が運営されるようになった。いわゆる武士道に基づく政道が行われたのである。そのはじめが、徳川家康である。家康は、武将としてだけでなく、為政者としての資質を備えていた。つまり、庶民のための政治という使命感を持っていたのである。

『葉隠』を見てみよう。『葉隠』は「佐賀論語」とも呼ばれ、江戸時代中期（一七一六年頃）に、佐賀鍋島家の藩士山本常朝が口述した武士の心得を同じ藩士の田代陣基が筆記してまとめたものである。

その『葉隠』の中で、武士としての修行を全うするための心得について、次のように述べられている。

一、武士道に於いておくれ取り申すまじき事
一、主君の御用に立つべき事
一、親に孝行仕るべき事
一、大慈悲を起し人の為になるべき事

この四誓願を、毎朝佛神に念じ候へば、二人力になりて、後へはしざらぬものなり。

つまり、武士たるものは「武士としての道において決して遅れをとらないこと」「主君の役に立つこと」「親に孝行をすること」「大きな慈悲の心で人のためになること」を神仏に誓いをたてるならば、毎朝祈れば二人力の力が出て決して後ろへ引くようなことはない」というのである。この中で、治世や社会貢献の立場から見ると重要になるのが、四つめの「大慈悲」という言葉である。慈悲とは、他者を憐み、それを救うために行う行為である。

『葉隠』「聞書第一」には、家康について述べている。

神詠に「慈悲の目に、憎いと思う人はいない、過ちがあっても、それでも憐みなさい」とある。慈悲の廣さ大きさは限りがない。普くといってもよい。上代の天竺、唐、日本の聖者たちを今日まで崇敬するのはその慈悲が広いからである。何事も、主君の為、親の為、人の為、子孫の為になることをしなければならない。これが大慈悲である。慈悲から出る智慧や勇気こそが本物である。罰する際もその人の為を思って罰し、人の為に働くから強く正しいのである。自分の為にするのは狭くて小さくて、小気だから悪事に走ることにな

る。―中略―　徳川家康公は、次のように仰せられた。「すべての人々、たとえば家来や領民を子どものように愛しむと彼らも自分を親のごとく慕ってくれる。天下を泰平に治める原理は、慈悲である」と。

ここでは、主君や親、他者に対して、さらに将来の子孫のためになることを行えというのである。しかも、過ちを犯した者に対しても慈悲を与えよ、という。そして、慈悲の力は無限であり、慈悲の心から生まれる智慧や勇気こそが本物だというのだ。つまり、人に尽くすための知恵や勇気こそが強く正しいのであり、自分のための知恵や勇気は小さくて悪事とつながるのである。徳川家康も慈悲こそが天下泰平を実現させる原理だとしている。私心を無くしてこそ、社会や他者に対して尽くすことができ、そのこと自体が正しい道となるのだ。

この慈悲について、徳川家康が具体的にどのように述べているかということについて見てみよう。家康は、『東照宮御遺訓』において、古今不易の「日本の大宝」は「三種の神器」であり、その理は「慈悲・智慧・正直」であるとして次のように述べている。

　まず慈悲が万事の根本であると知れ。慈悲から出た正直が誠の正直である。また慈悲のない正直は薄情といって不正直である。また慈悲より出た智慧が誠の智慧である。慈悲のない智慧は邪悪な智慧である。中国ではこの大宝を智仁勇の三徳という。

つまり、慈悲こそが全ての事の根本であり、慈悲があっての正直であり、慈悲があっての智慧なのである。さらに、右記のことを踏まえ、家康は天下太平の秘訣について、

　天下の平和と政治の永続は上に立つ人の慈悲にかかっている。慈悲とは仁の道である。おごる心を断って慈悲を全ての根本と定めて天下を治めるようにといわなければならない。

と述べている。すなわち、社会を平和にするには、為政者の慈悲の心にかかっているのである。そして、慈悲とは

仁の道であるという。思い上がってはいけないのである。思い上がるということは、自分自身を中心に考えることからくる精神性であり、社会や他者に対する思いやりの気持ちを持つこと、すなわち、自分以外を中心に据えて私心のない心を目指すことが社会を平和にする根本である。

ところで、慈悲とは、本来、仏教用語である。中村元氏が著書『慈悲』のなかで、「慈悲は仏そのものであるとさえもいわれている。日本でも、慈悲は仏教そのものであり、仏は慈悲によってわれわれ凡夫を救うものであると考えられている。」と述べているように、慈悲は、仏教の中核を成す教義である。その意味は、一般的には「慈しみ」「憐れみ」「思いやり」「同情」などである。

仏教における慈悲の特徴は、慈悲は無量であって限界がないのが理想である。限りがなく無限に与え続けるものなのである。次に、慈悲は人間に対してのみ与えるものではなく、衆生に対しての心である。つまり、人間だけではなく動物や植物など一切の生きとし生けるものすべてに対する慈しみであり、思いやりなのである。

中村氏は、「初期の仏教では、ひとは何人といえども自己を愛しているし、また愛しなければならぬ、という道理のうちに、道徳の成立する基本的地盤を見出している」（『慈悲』）と述べている。つまり、自分が一番大切だという気持ちは、自分だけでなく他の人々も同じで自分のことが大切である。したがって、自分を大切にする人間は他人も大切にしなければならないのである。すなわち、「自己を護ることが同時に他人の自己を護ることでもあるような自己は、もはや互いに相対立し相争うような自己ではない。すなわち一方の犠牲において他方が利益を得るというような自己ではない。むしろ他者と協力することによってますます実現されるところの自己である」（同前）のだ。そして、そのような自己について「自我の観念と他我の観念とを撥無《はつむ》した場合に、自己の利が実現されるのである。」（同前）というのである。

このことは何を意味しているのだろうか。我の自我を無くすこと、つまり無我になることで私とあなたという個対個の関係はなくなるということである。そうすることで我と彼というように分節されていない自己、つまり我と彼とがつながった、あるいは一体となった自己の利が実現するというのである。

何れにせよ、このような心理状態を実現させるためには、修行が前提となる。仏法の修行を積むことで、自分を犠牲にして他者を救うということではなく、自分の幸せと他者の幸せは同じになるのだ。だからこそ、修行を積んで、大慈悲を行使することの意味があるのである。

二、仁と社会貢献

『葉隠』には、「慈悲」だけではなく「仁」の思想に基づいた利他に尽くす考えが述べられている。

同書「聞書第二」には、

武士というものを総括して言えば、まず身命を主君に奉るのが一番である。その上で何をするかと言えば、心の中に知仁勇を備えるということである。三徳兼備と言えば、凡人にはできないように思うけれども簡単なことである。智は人の話を聞くだけであり、無限の知恵を得られる。仁は、人の為に成すことである。自分か他人かという時、人のために人が望むことをするだけである。勇は、歯を食いしばることである。後先を考えず、歯を食いしばって進むだけである。

とある。ここで重要なことは、武士たるものは知仁勇を身につけなければならないとしたうえで、仁を他者のために行うことだとしている。自分のことより他者のために相手が望むことをすることを仁と述べている。

武士道における仁については、後世になるが、新渡戸稲造の『武士道』に、「第五章　仁・惻隠の心」として章立てされて記されている。

新渡戸は、仁を愛、寛容、愛情、同情、憐憫《れんびん》と捉え王者の徳であるとし、その根拠を「孔子も孟子も、人を治むる者の最高の必要条件は仁に存することを繰り返した。」（『武士道』）と述べ、儒教思想に求めている。

そして、仁とは、武士の情けであるとし、「仁は柔和なる徳であって、母のごとくである。真直なる道義と厳格なる正義とが特に男性的であるとすれば、慈愛は女性的なる柔和さと説得性とをもつ。」（同前）とし、さらに、「武士はその有する武力、ならびにこれを実行に移す特権を誇りとしたが、同時に孟子の説きし仁の力に対し全き同意を評した。」（同前）と述べている。つまり、武士は、正義を実現することを踏まえた上での仁の徳を身に付けることが求められたのである。

この仁は、周知のとおり、儒教思想から来ている。特に孔子は、仁を最高の道徳とした。孔子は『論語』において、「仁とは人を愛することである」とする。そして、「自分を慎んで他人に対する敬意を心がけて行動することが仁であり、一日でも自分の身を慎んで他人への敬意を心がけて行動すれば、世界が愛にあふれた状態になっていく。仁を行うのは自分次第であり、人頼みにするのは間違いである」というのだ。また、「仁の人は自分が立ちたいと思えば他人を立たせ、自分が行きたいと思えば他人を先に行かせる。他人の事でも自分のこととして考える。それが仁の考え方というものである」という。自分のことより、他者のことを優先することから仁は生まれるのである。さらに、「仁の人は苦労を率先して行い利益は後にする、これが仁ということである」のだ。

このように、仁を実現するためには、自分を中心に据えるのではなく、私心をなくすことが重要となってくるといえる。

武士道には、儒教の影響が大きい。特に江戸時代になると徳川幕府は儒学、特に朱子学を官学とする政策を推し進めたため、儒教は、武士道の中核を成す思想となったのである。
その中でも仁は、最も高い徳であり、特に為政者としての武士は、社会を安定させ人々の幸せを実現させるために不可欠な精神性であった。まさに、仁は武士の社会貢献の思想的根拠だったのだ。

三、徳川吉宗と松平定信

この家康の慈悲と仁の思想は、徳川家に代々受け継がれている。特に八代将軍の徳川吉宗、そして松平定信は、「士民共楽」の思想を持つことになる。

吉宗は、享保の改革（一七一六年～一七四五年）で有名である。吉宗は、幕府権力の再興に務め、綱紀粛正を図るとともに、増税と質素倹約による幕政改革を断行した。そして、新田開発など公共政策や公事方御定書の制定、庶民の意見を取り入れるための目安箱の設置を実施した。また、江戸の下層民対策の一環として怪我や病気を治すために小石川養生所を設置した。享保から幕末まで開院され、無料で治療を行い、貧民救済施設として機能した。一方で、年貢増徴策は農民を苦しめることになり、そこへ享保の大飢饉が襲ったこともあり、百姓一揆が頻発した。しかし、吉宗は質素な服装で、食事も若いときから飽食をしなかったが、将軍になってからは、一汁三菜、一日二食を守るなど、自ら質素倹約を実行したのである。

松平定信は、「寛政の改革」（一七八七年～一七九三年）を行ったが、その特徴の一つが飢饉に備える備荒政策である。具体的には、一揆や打ちこわしの防止のためには諸藩における囲籾令や七分積金令を奨励したのである。今までは、災害などや飢饉があれば、幕府から「御救」が実施されてきた。それを各藩が災害や飢饉に備えて「御備」を実施するように命じたのである。それまで幕府は、軍事的な観点から、一部を除いて各藩での貯穀を原則的に禁止してきた。これは、これまでの幕府の仁政の根本的な変革である。なぜならば、災害や飢饉などには幕府が「御救」を施すことにより、その支配を正当化してきたのである。それを定信は諸藩での「御備」つまり貯穀をすすめたのである。これは災害時の救済が各藩で実施されるので、幕府の「御救」という仁政が施せなくなるということにつながり、幕府権力の正当性を揺るがす可能性のある政策である。このような革新的な政策を定信が行った理由は、「君主は臣民が居るから君主であることができ、臣民もまた君主が有るから臣民となり得る。―中略― 臣民は国の根本であり、このことで君主が君主であることができるのである」（『国本論』）とあるように、定信は「民」と「君」を不可分なものとして捉えていた。同時に定信は、経済的には「倹約論」を展開したが、それは「民」に倹約を強いるのではなく、「君主が質素を好めば、臣民もそれが移って質素と倹約を務めるから、君主の暮らし向きから臣民に至るまで困窮を免れるようになるということは、臣民の生活が良くなることである。臣民の生活が良くなるということは国の根本が強くなることであり、山の麓がしっかりするようなことである」（『大学経文講義』）と説いている。すなわち、君主自らが質素倹約することで社会全体にその風潮が行き渡り、庶民も国も繁栄すると考えたのである。まさに、松平定信は「士民共楽」思想を仁政に活かしたといえる。

第六節　災害と藩

大規模災害が起こると、まず対応するのが藩である。その際に藩主がどのように災害と向き合い、人々を救ったかを見つつ、その背景にある思想に迫ってみたい。ここでは、善光寺地震の際に尽力した松代藩の藩主真田幸貫と天明の大飢饉を乗り切った米沢藩の藩主上杉鷹山を取り上げる。

一、真田幸貫

善光寺地震が発生した時、松代藩の第八代藩主真田幸貫は松代城にいた。幸貫は、松平定信の二男で、天保の改革では老中を勤めるなど有能な政治家で地震の三年前に老中職を退き、藩政の改革を手掛けていた。そこに大地震が起こったのである。善光寺地震は先に見たように、大惨事になった。松代藩家老河原綱徳の手記である『むし倉日記』には、

○　二十四日より川中島の川上と川東方面の御救助として、五日間にわたり炊き出しを仰せつかった。場所は川中島が小松原と八幡原、川上が北高田と下高田、川東が東川田村である。代官が専任で手代が二人ずつ行って指揮した。

この御救助は莫大な支出をともなう事業だった。家を流したり、家が泥の中に深く埋まったりし、蓄えた米穀も流し、あるいは水に入れた者たちがおり、老幼男女の差別なく、みな集って頂戴した。それはそれはありがたがること、例えようもなかったということだった。

○　村々へ下せられたお手当は、居家が押し埋められたもの、家がつぶれて焼失したもの、家が潰れて流失したもの、流水によって水で押しつぶされ、半分流失したもの、半分つぶれて焼失したものには三分ずつ（一分は四分の一両）。水で押しつぶされたものへは、一分二朱（一朱は一両の十六分の一）ずつ。家がつぶれたり、水で半壊したり、家が水に浸かり上の屋根ばかりが焼失したものや、土蔵ばかり流失したものは二分ずつ。半壊して数日水入で浮上し土台に狂いが生じたものには一分ずつ。床上浸水には二朱ずつ支給した。

これらを支給しても当人にとってはわずかのようであるが、町全体の分まで入れると、おびただしい金額であった。このほか、災難の際立って重いものや、やもめなど孤独の人たちへの手当、あるいは麦作の取り

入れまでのつなぎの手当、または農業生産費の拝借などに至るまで、限りもない財政支出であった。それなので殿のお情けの深さが他領までも響きわたって、松代領に住みたいと願う他領の村々が多いと聞いたのであった。山寺源太夫（常山）のところには手当が行き届いていることをことのほか褒めたたえた手紙が寄せられていた。

また、川辺の村々を見分した御勘定衆や御普請役なども、ことのほかお心尽くしをされたことをお褒めになったという。江戸での評判も大変よかったと聞いている。

◯　御台所勘定帳を見ると、すべてのことがおびただしい数に上る。炊き出しの賄いは十二万六八三六食であった。また、救援のためのお手当金の支給は一万三四二〇両と米七一五五俵であった。これは申年の調べである。

◯　妻女山の慰霊碑は私が担当係で建立したものである。（週刊長野「『むし倉日記』を読む」。著者一部修正）

このように、幸貫の指揮のもと、松代藩は地震対応を迅速に組織的に対応した。そのほか、緊急土木工事や被災状況の絵図を用いて幕府への拝借金獲得外交も行った。まさに、藩主以下一丸となった災害緊急対応であった。

幸貫の藩政改革は、倹約令を出すとともに、自らも木綿の衣服を着たりするなど質素倹約に務めた。また、その改革は財政にとどまらず、法制の整備、職制の改正による適材適所の配置、村名主の公選制度の導入、産業の振興、軍備の改革、学問褒賞制度の制定、藩史の編纂、文武学校の創設計画、軍備の充実などを推し進めた。一方、領民の声に耳を傾けるため城下に目安箱を設置したり、穀物を倉庫で計画的に蓄えて凶作に備えたりした。このような質素倹約は本来の武士の面目であり、実父松平定信や曾祖父徳川吉宗から受け継がれてきた武士としての為政者の精神性といえよう。

二、上杉鷹山

上杉《うえすぎ》鷹山《ようざん》は、一七六七年に十七歳で藩主となり、財政難に苦しむ米沢藩の藩政改革に生涯をかけて取り組み、成功に導いた。鷹山がとった主な政策は以下のようなものがある。

（一）藩主（自分自身）の江戸における年間の生活費を、一五〇〇両から約二〇九両とした。つまり、約七分の一に削減したのである。

（二）大倹約令の執行による緊縮財政の実施

（三）災害や飢饉の際の救済のための義倉や備籾倉の設置

（四）藩士や町人、農民の意見を聞くための「上書箱」の設置

（五）国産奨励として焼き物・養蚕・製糸・織物など特産品の開発

（六）江戸から儒学者であり鷹山の師でもある細井平洲を米沢に招き、藩校「興譲館」を創立

鷹山は、藩政改革において、領民や家臣だけでなく、鷹山自ら質素倹約を心がけ、食事は一汁一菜、衣服は木綿を着用し、奥女中も五〇人から九人に削減したのである。つまり、鷹山の思想は、まさに実践道徳である。

そして、鷹山が藩政改革を断行している途中の一七八二年（天明二年）に天明の大飢饉が起きたのである。米作は平年の二割程度に落ち込んだ。そこで、鷹山は、次のような対応を行った。

・藩士、領民の区別なく、一日あたり、男、米三合、女、二合五勺の割合で支給し粥として食べさせた。

・酒、酢、豆腐、菓子など、穀物を原料とする品の製造を禁止。

・上杉家も領民と同様、三度の食事は粥とした。それを見習って、富裕な者たちも、貧しい者を助けた。

全国で多くの餓死者、病死者が出たが、米沢藩では、このような扶助、互助の甲斐あって、餓死は一人も出なかっ

た。さらに、上杉鷹山は苦しい中でも、他藩からの難民に藩民同様の保護を命じたといわれている。

また、鷹山は、『かてもの』という山野草の食べ方や保存食の作り方を記した手引書を部下に作成させたが、そこには、飢饉の時に飢えをしのぐ食物があげられている。上杉鷹山が天明三年の大飢饉に際し、編纂を命じたもので、莅戸《のぞき》善政《よしまさ》が一八〇〇年（寛政十二年）に側医矢尾板栄雪などに検討させて飢饉救済の手引として一八〇二年（享和二年）に領民に配った。刊行冊数は約千五百冊、飢饉に備え穀物の貯蓄とともに、それをより長く食べられるようにする目的で「かて」とする草木果実などの救荒食物を約八〇種類選び、その調理法が具体的に記されている。また、味噌の製造法や魚鳥獣肉の貯蔵法まで記されており、一八三三年（天保四年）の天保の大飢饉には大いに役立った。

それでは、最後に、上杉鷹山のこのような優れた仁政の背景にある思想を見てみよう。

鷹山の生涯の師は、儒学者の細井平洲である。平洲の王侯学は、君主は自分の地位や富に驕らず、民の父母と自覚して道徳を守り、正直質朴の部下を採用して政治に臨むことを説いている。また、平洲は、「学思行、相まって良となす」とし、学問を重視するが、ただ学ぶだけでは意味がなく、その学びから考えを深め、その考えに基づいて行動をすることが重要であるとする。まさに、平洲の思想は実践哲学なのである。鷹山は、彼が十四歳の時から平洲にこの王侯学を学んだ。鷹山が藩政改革にあたり、学問を重視し、自ら率先して倹約し、領民を大切にしつつ、改革を断行したバックボーンには、この平洲の王侯学が流れていたといえよう。

鷹山は、三十五歳で隠居したが、次期藩主である上杉治広に家督を譲る際、三ケ条からなる藩主としての心得「伝国の辞」を申し渡した。その内容は、次の通りである。

一、国家は先祖から子孫へ伝えてきたものであり、国家を私物化してはいけない。

一、人民は国家に所属しているのであり、自分の所有物にしてはいけない。

一、君主は国家人民のためにあるのであり、君主のために国家人民があるのではない。

この三ヶ条を心に留め忘れないように

これは、先に見た松平定信における国家と君主と民衆の関係と同じであり、この関係を前提として倹約を民衆に指示し、鷹山自身も率先して倹約を実践した。そして、藩の財政の立て直しと民衆の生活の向上を図ったのである。

以上、真田幸貫や上杉鷹山に見るように、名君といわれる藩主は、民のために私を無にして慈悲と仁に基づく武士道を実践したのである。特に、彼らの仁政は、災害や飢饉の際に顕著に民衆を救ったのである。

第七節　災害と民間

江戸時代、災害が起こると町人たちは被災者に対して支援をすることが一般化した。江戸時代になると、庶民たちも単に武士に従属するのではなく、経済的にも文化的にも、そして精神的にも自立するようになった。そのなかで、ビジネスに成功した商人たちを中心に、災害や飢饉で困窮した人々を緊急的に救済することが頻繁に行われた。それを「施行《せぎょう》」という。

一、施行

もともと、施行とは、僧侶や貧しい人に物を施し与えることであるが、災害の際、裕福な町人などが町方の罹災者に対して支援することも意味する。

江戸時代、施行は民間のなかで広く行われた。江戸の前期では、江戸や京都、大阪といった大都市で貧しい人に対して町人が粥などを与えて救済するといった「非人施行」であった。それが、享保の大飢饉を契機に「町方施行」といわれるように、より大規模で組織的な施行に変わっていった。どういうことかといえば、享保の飢饉では、普通に生活している多くの町方が飢饉による飢えという危機に瀕したのである。そこで、幕府は町人に施行を推奨し、豪商といわれる金持ちから一般の町人まで多くの民間人がそれに答え、大規模な施行が行われたのである。それ以降、飢饉や災害が起こると町方施行が広く行われるようになった。つまり、当時から、今でいう災害時の義捐金やボランティアに相当する救済活動が行われていたのである。

たとえば、天保の大飢饉（一八三三年～一八三七年）の際、近江商人で仙台藩において商売を展開していた中井源左衛門は、自主的に何度も施行を実施している。たとえば、仙台店では一八八三年（天保四年）に、二斗入の袋を三〇から四〇袋、一八三六年（天保七年）に二斗入のもの二〇〇袋を施した。同じく一八三六年（天保七年）に石巻店にて困窮者に対して大豆一〇五俵を施し、また金一二〇両一分を一軒に付き一〇〇疋ずつ四八一軒に施し、大量の大豆・買米を御上へ献上している。また、藩の要請に基づいた施行も大規模に実施している。また、安政江戸地震（一八五五年）の際には、大々的な町人による施行が行われた。それは大きく「御救小屋施行」と「居廻り施行」、「武家・寺院による施行」に分けられる。まず、「御救小屋施行」とは、被災者の避難所である御救小屋に対して、主に裕福な豪商によって、金銭をはじめ、味噌、茶、そば、サツマイモなどの食料、タオル、紙などの日用品が施された。また、変わったものとして、一万五〇〇〇人に対する髪結のサービスなどという支援もあった。つぎに、「居廻り施行」とは、地縁関係のある者や商売として土地や家店を貸している関係者、豪商の店に出入りのある業者に対しての施行である。安政江戸地震の際には、この二つを合わせて、四一〇名もの町人が施行を行っている。そして、施行を行った町人たちは、奇特者として褒章され名前が載った町触が、番屋、今でいう交番に張り出されたのである。さらに、「武家・寺院による施行」も行われ、内容的には「居廻り施行」と基本的に同じであるが、「居廻り施行」の少ない地域を補完する効果があったようである。

二、江戸期における共助の思想

江戸時代、先に見たように、災害や飢饉が起きると幕府や藩による救済が仁政の一環として行われた。しかし、元々わが国では、無償を前提として人々がお互いに助け合う「合力」が都市部でも農村部でも広く実施されていた。具体的には災害や飢饉、あるいは冠婚葬祭の儀礼事の時、火事の後片づけ、墓づくり、家の普請などの時にお互いが助け合うといったことが合力である。それが、享保の頃に都市部を中心に、相互扶助としての合力から社会的責務としての「施行」へと変質していったのである。つまり、経済的に強い豪商などの町人から貧しい人々、あるいは災害や飢饉などによって被災して困窮している被災者に対する施しとしての施行、すなわち経済的格差における上から下に対する支援が社会システムとして構築され、社会正義思想が形成されたのである。これは、単に上から下へ与える「恩恵」ではなく、社会的責務として為政者はもちろん、豪商や豪農、一般の町人、百姓、貧困層まで広く認識されていたのである。具体的には、災害や飢饉の際に、被災者や困窮者が生きていけるように富める者は私利私欲を自制して率先して金銭や米の施しを行い、また為政者はそれを奨励し褒章したのである。そして、その責務としての施行が行われなかった場合、為政者や富裕者は「不徳」として糾弾され、困窮者による「百姓一揆」や「打ちこわし」が行われたのである。

このように、江戸時代、社会では為政者や富裕者は「仁」や「徳」がなければいけないという思想が広く共有されていたのである。その根拠は、武士において「武士道」、商人においては「商道」、庶民においては「寺子屋教育」があげられる。

為政者を含め社会の上層階級に位置する武士たちは、武士としての生き方を示した武士道を中心に儒学、仏教、神道などの学問、宗教を体系的に学び、仁や慈悲、徳に基づいた政治のあるべき姿としての仁政を理解していた。本人がそのような生き方をするかどうかはさておき、少なくとも知識としてはそれだけの教養は持っていたのである。

商人は、単に商売をし、金銭を儲ければよいというだけでなく、正直、質素、倹約が美徳とされる「商道」による商人倫理に基づいて商売をすることが求められた。具体的には、石田梅岩（一六八五年～一七四四年）が、「石門心学」として商人の道を世の中に広めた。梅岩は、世界に先駆けて商売をすることで利益を得ることの正当性を説き、「正直、勤勉、倹約、共生」の道を説いた。このうち、共生について、梅岩は「実の商人は先も立ち、我も立つことを思うなり」（『都鄙問答《とひもんどう》』）と述べ、本当の商人とは相手の利益を優先させ、結果として自分も利益を得ることができるというのである。また、「商人の道を知らざる者は、貪ることを勉めて家を亡ぼす。商人の道を知れば、欲心を離れて仁心を以って勉め道に合（かの）うて栄えるを学問の徳とす」（『都鄙問答』）という。つまり、商人の道を知らない者は貪欲になり家を滅ぼし、商人の道を知れば私利私欲から離れて、仁の心を以て商売をするので人の道にかなって栄えるのであり、これが学ぶことの徳である、というのだ。このように、梅岩は、現代でいうところの「企業の社会的責任」（ＣＳＲ）を明らかにしている。

また、商人は、打ちこわし対策としての危機管理としての意味もあるが、商人の陰徳としての社会貢献の思想がその根本にある。先に見た中井源左衛門に代表されるような近江商人は、「売り手よし、買い手よし、世間よし」、つまり商売では売る側もお客も満足するのは当たり前であり、社会に貢献できてこそ本当の意味での商売である、というのだ。いわゆる「三方よし」である。中井源左衛門は、家訓として「金持商人一枚起請文」を残している。その内容は、次のようなものである。

世間でよくいわれる「金が溜まる人には運がある。自分にはない。」というのは、愚かで大変な誤りである。運ではないのだ。金持ちになろうと思えば、酒宴遊興などの贅沢を慎み、長生きを心がけ、倹約を第一と、商売に励むほかにない。この他に貪欲になれば、先祖の御加護からはずれて、天理からも見放されてしまう。倹約とケチは違う。無知な者は同じことと思うだろうが、ケチでは光が消えてしまうが、倹約は光り輝きそれが満ちたら、その光は十万億土を照らすこととなろう。以上のように心得て行動した者には、五万十万の金が出来るのは疑いない。ただし、運というものもやはりあって、国の長者とも呼ばれるのは、一代では達成しにくい。二代三代も続いて善人が続いてはじめてそうなるのである。それを祈るには、人に知られず善行を行うことのほかに方法はない。後代の奢りを防ぐため、私の考えを書き記しておく。

ここでは、商売に専念し、倹約し、社会貢献することが持続可能な企業になるということを説いているのである。このように、石田梅岩の商道や近江商人の「三方よし」に見られる「陰徳」の思想は、江戸時代後半には、広く商売人のなかに浸透したのである。

わが国では、江戸時代、多くの庶民が学問に勤しんだ。特に江戸時代後半には寺子屋が都市を中心に数多く開設され、幕末には全国で約一万五〇〇〇もの寺子屋があった。寺子屋は、庶民の子どもに読み書きを教える場である。しかし幕末になるとそろばんを教える所もあり、往来物を教科書として使用した所もあった。

また、私塾も多く開設され、武士や町人、百姓を問わず学べる場所として多くの塾生が通い優秀な人材が輩出された。有名なところでは、漢学塾としては中江藤樹の「藤樹書院」や伊藤仁斎の「古義堂」、石田梅岩の「心学講舎」、吉田松陰の「松下村塾」、国学塾としては本居宣長の「鈴屋塾」、西洋医学塾としてはシーボルトの「鳴滝塾」、蘭学塾としては緒方洪庵の「適塾」、福沢諭吉の「慶応義塾」などがある。

そのため、君主としての生き方やあるべき政道の姿、町人としての生き方、農民としての生き方などについても、博識な庶民がおり、社会秩序として正当に幕府や藩を批判する者もいた。そのようななかで百姓一揆や打ちこわしが行われたという事情がある。

第八節　濱口梧陵と『稲むらの火』

一、『稲むらの火』

『稲むらの火』の原作は、小泉八雲（ラフカディオ・ハーン）の「A Living God」である。これを中井常蔵が翻訳、再構成したものが『稲むらの火』と題され、一九三七年から一九四七年まで国語の教科書に掲載されたのである。現在は、防災教育教材として再評価されている。話の概要は、次のとおりである。

地震のゆったりとした揺れと地鳴りで、高台にある家の外にでた五兵衛は眼下の海を見ると海水が沖合へ退いていくのを見て津波が来ると確信した。宵祭りの準備に心を取られて村人たちは一向に気づいていない。五兵衛は、四百人の村人を助けようと、皆に危険を知らせるため、自分の田にある稲の束（稲むら）全てに松明で火をつけた。村人は火事を見て消火のために高台に集まった。皆が集まった時、津波が村に押し寄せてきた。五兵衛の機転によって、村人たちは津波から守られた。

この物語に出てくる五兵衛のモデルが濱口梧陵なのである。史実としては、一八五四年の安政南海地震の際に、現在の和歌山県広川町（当時の広村）に住んでいた濱口梧陵が津波から村人を救ったのである。

二、濱口梧陵と安政南海地震・津波

その内容を見る前に、まず濱口梧陵について少し述べておく。濱口梧陵（一八二〇年～一八八五年）は、現在の和歌山県有田郡広川町の出身であり、ヤマサ醬油の当主である。実業家として活躍するだけでなく、幕末期、商人でありながら紀州藩勘定奉行に任命され藩政改革の中心を担い、明治維新後は駅逓頭（後の郵政大臣に相当）や、初代和歌山県会議長を務めた。

写真12　濱口梧陵
（『濱口梧陵小傳』より

津波の実際の様子は、「濱口梧陵手記」（『濱口梧陵小傳』）に「安政元年津波の実況」と題して次のように記されている。

一八五七年（嘉永七年）十一月四日、午前十時、強い地震が起きた。揺れが止まった後、直ぐに海岸に駆け付けて海面を見ると波の動きが尋常ではなく、海水がたちまち増したり減ったりすること六、七尺、潮の流れが大埠頭の先にあたって、黒い高波が現れた。その状況は非常に恐ろしいものであった。

伝え聞くに、大地震の後に往々にして津波が襲ってくると。したがって、村民全員を警戒させて、家財を高所に運ばせ、老若男女全てを氏神である八幡神社の境内に逃げさせた。これは、最初の津波である。次の日の五日に、巨大な津波が襲来したのである。要約してみよう。

午後四時になって大地震が起こった。その激しさは昨日のものとは比べものにならなかった。揺れが止まったので家族に避難を促し、自分は村内を巡視した。その際不安な気配が天空を襲ったので、元気なものと共に逃げ遅れている者を助け、災難を避けようとした瞬間、津波が民家を襲い、川を遡り、人家が壊れ流されていった。津波は私の半身を呑み込んだが、何とか丘陵にたどり着き、背後を眺めると津波に流される者、材木につかまり一命をとりとめている者など悲惨な状態であった。いったん八幡境内に避難すると多くの人が避難していた。元気な者を連れてすぐに村に捜索にもどった。道端の稲むらに火を放ちそれによって漂流者に安全な場所を示した。この計画はむだではなく、この火を頼りに助かった者も少なくなかった。津波の襲来は前後四回に及んだ。その後、隣村の寺院で米を借り受け村人のために炊き出しをし、さらに隣村の庄屋から明日の米を借り受けた。

そして、六日には仮小屋建設の段取りを取り、藩の役人が来たので村の救済を依頼した。七日には、村の治安維持のために警備を置くなどし、八日には村役人を招集し村人の訴えを聞き、人夫の配置を手配した。また、被災民のために米二百俵を寄付し、有志家が寄付する前例をつくり周りから多くの米や金銭の寄付を集めたのである。その後しばらくは、村人を指導して村の復旧に当たったのである。

この記述からわかることは、まず四日に起きた地震・津波は安政東海地震である。そして五日に安政南海地震が発生したのだ。次に、稲むらに火をつけたのは津波が押し寄せた後であり、漂流者に安全な場所を示すために行われたのである。『稲むらの火』とは若干違うが、多くの村人を津波から救ったという点では変わりはなく、現実の方が、さらに炊き出しや仮設小屋の設置などの救済活動に尽力している。なお、被害は、流失した家が一二五軒、全壊が一〇軒、半壊が四六軒、浸水・大小破損が一五八件、流されて死んだ人が三〇人であった。梧陵のお陰で、村の多くの人の命が助かったが、村は壊滅状態になったのである。そこで、梧陵は、復旧、復興に取り掛かった。

三、大防波堤の増築

濱口梧陵は、将来必ず起こる津波に備えるために、一八八五年から高さ四・五メートル、長さ約九〇〇メートル（完成時は六七〇メートル）にもおよぶ築堤を、私財を投げうって開始したのである。この事業は、人足延べ五万六七三六人、費用合計約一五七二両という大規模な工事であったが、一八五八年、四七か月を要して完成した。また、工事にあたっては、津波被害にあった村民を雇ったので大いに村民の生活を助けることになった。つまり、この築堤事業は、防災対策事業であると同時に失業対策事業でもあったのである。

四、濱口梧陵の思想

濱口梧陵は、豪商の家に生まれた商人であるが、江戸後期に生まれたので身分に関係なく教育環境が相当開かれていたため、少年時代から青年時代にかけて学問と武芸に勤しんだ。二十歳を過ぎてからは、蘭学医の三宅艮斉と交流を持ち西洋の事情を学んだ。また、当時は、海防論が盛んな時であり、梧陵も海防問題に大きな関心を持っていた。

梧陵は、菊地海荘と交流があった。菊地海荘（一七九九年～一八八一年）は、幕末期の紀州の豪商であり、濱口梧陵と同じような立場の人である。海防論者であり、佐久間象山をはじめ、多くの勤王の志士と交流があった。天保の大飢饉では公共事業を行い、困窮する人々を雇うことで救済した。嘉永三年には藩に「海防建議」を上書して海防の必要性を訴えるなどし、実際に郷土において三〇〇〇人の男子を徴発して武術訓練を行うなどした。この菊地海荘が梧陵に佐久間象山を紹介した。『紀伊有田郡先賢傳記　第一輯』には、「自らは江戸に於いて常に佐久間象山に出入して、専心国防問題および新兵器の研究に当たっていたが、同郷の東寺の同志梧陵さんの銃器購入の斡旋やら、梧陵さんが象山を訪問するに至るまでの手引きやらをしたのも此の頃であった。」とある。海荘の紹介で象山と交流を持った梧陵は、象山のもとで、兵学や砲術を研究した。

佐久間象山（一八八一年～一八六四年）は、若くして松代藩藩主の真田幸貫に才能を認められ、二十三歳の時に藩から江戸への遊学が許された。江戸では、佐藤一斎に朱子学を学び、三十歳を前に私塾「象山書院」を開設して儒学を教えた。その後、一八四二年（天保十三年）に、主君・真田幸貫が幕府において老中と兼任して海防掛に任ぜられたことがきっかけで、その顧問に推されて、アヘン戦争における清とイギリスなど海外の動向を研究する任に就いたのである。このことで「海防八策」をまとめたのである。そして、主君・幸貫から藩の洋学研究の担当者に任じられ、西洋の兵学を窮め、さらに西洋砲術の専門家として名を知られるようになり、硝子製造や地震予知機の開発に成功した。一八五一年には私塾「五月塾」を開き、砲術や西洋兵学を教えた。勝海舟や吉田松陰、坂本龍馬などが塾生となっている。

梧陵は、勝海舟とも交流があり、海舟の支援をしていたようである。『氷川清話』には、海舟が渋田利右衛門から梧陵を紹介してもらったということが記されており、また梧陵の記念碑の撰文と題額は勝海舟が書いたものであることから、その親交は相当深かったと思われる。勝海舟（一八二三年～一八九九年）は、江戸末期から明治にかけて日本建国のために尽力した武士であり、政治家である。咸臨丸でアメリカに渡り、帰国後は海軍興隆のために奔走した。そして、一八六八年、海舟は西郷隆盛と会見し、江戸無血開城を果たしたのである。

このように、濱口梧陵は、当時、日本を動かした多くの人物と交流があり、儒学、蘭学、洋学など様々な学問を身に着けるとともに、尊皇攘夷思想のもと海防論を唱え、その後は開国派となり日本の発展に寄与したのである。

濱口梧陵はもとより、梧陵とつながりのあった彼らに共通することは、私を無くして、他者のために尽力するということであり、いずれも社会のために命を懸けた人物である。そして、これらの人物たちは、何らかの形でつながっていたことも当時の幕末から明治期における特徴である。

第九節　二宮尊徳の報徳思想

一、二宮尊徳

戦前は、日本全国の小学校にどこにでも薪を背負い読書をしながら歩く二宮金次郎（尊徳）の像が建っていたし、今でも多くの小学校で見られる。昔から二宮尊徳は、多くの国民に尊敬されてきた人物である。

二宮尊徳（一七八七年～一八五六年）は、江戸時代後期に活躍した農政家・思想家である。幼少の頃は裕福であったが、早くに父母と死別し、貧しい生活を送った。そのような境遇のなかで尊徳は人一倍努力をし、苦難のすえに二十四歳で、一家の再興に成功した。そして、尊徳の思想や活動が周辺に広がり、その名が知られるようになったのである。

一八一八年、小田原藩家老服部家の家政再建を引き受け、幕府の老中に就任した藩主大久保忠真より善行に対して表彰された。そして、一八二〇年、小田原藩士たちのための五常講を創設して苦境を救った。

写真13　二宮金次郎像
（報徳二宮神社）

その後、尊徳は、「仕法」という村おこし事業を各地で展開していった。

一八二一年、分家宇津家の領地再建を命ぜられ、桜町領の復興を図り成功した。一八三三年、青木村、一八三五年に谷田部藩、一八三七年に烏山藩、一八三八年下館藩に仕法を行った。

一八三七年に、藩主の命により小田原藩領内の飢饉を救済し、引き続き小田原領内の数か所の村で仕法を実施した。

一八四二年老中水野忠邦より普請役格として幕臣に登用されたのである。

一八四四年、日光東照宮領の再建計画書「日光仕法雛形」を作成した。

一八三八年、仕法が相馬各藩で実施され、明治初年まで続き、めざましい成果をあげた。

尊徳は、合理的精神の持ち主であり、和漢の古典によく通じ、それをもとに独自の思想を展開した。つまり、実践活動の過程で、農村のありようを独自の方法で研究して記録し、その改善策を体系化したのである。このような科学的、実践的な思想および方法論は汎用性のあるものとされ、「報徳仕法」として確立された。そして、この方法は、多くの村落の依頼により実施されたのである。尊徳が七十歳で亡くなるまでに、実に六〇〇以上の村々で実施され、農村再建に貢献した。

その後、明治維新に入り、慶応義塾の創始者である福沢諭吉、明治期の三菱の最高幹部である荘田平五郎、三井の実業家であり政治家でもある早川千吉郎、トヨタグループの創業者であり発明家の豊田佐吉など、明治期に日本の発展を担った人々に大きな影響を与えた。一方、「報徳仕法」は発展を続け、政府がこれを取り上げ全国的に展開し、一九二四年には「大日本報徳社」が設立された。

二、天保の大飢饉と尊徳

一八三〇年代に天保の大飢饉が、二度にわたって全国を襲った。尊徳はこの大凶作を茄子の味から察知して桜町領の村民を救ったのである。

少し長いが、『報徳記』巻之二「凶年に当たり先生厚く救荒の道を行う」の全文を見てみよう。

天保四年の初夏、気候が不順で冷たい雨が止まなかった。尊徳先生が茄子を食べたがその味がいつもと異なり、あたかも秋茄子のようであった。箸をおいてため息をつきながら言われた。「今、時は初夏に当たる。この茄子はすでに秋の味をしている。ただならないことだ。これをもって考えるに陽発の気が薄く陰気が既に盛んである。どうして米が豊かに熟することができよう。あらかじめ非常に備えなければ、百姓が飢渇の憂いにかかるであろう。」と。

ここに、三村の民に命令して言った。「今年は五穀が熟さない。あらかじめ凶作の備えをしなさい。一戸ごとに畑一反歩ずつその税金を免除するので、速やかに稗をまき、飢渇を免れる元にしなさい、おろそかにしてはならない。」と。

諸民はこれを聞いて、笑って言った。「先生が賢いといってもどうしてあらかじめその年の豊凶を知ることができようか。一戸ごとに一反歩の稗を作るのなら、三村ではたくさんの稗となる。どこにそれを貯えるのだ。まして稗というものは昔から貧苦に迫られても、未だに食べたことがない。今これを作っても食べることができない。そうならば無用のものというべきである。たとえ人に与えたとしても誰がこれを受けようか。意味のないことを命令するものだ」と嘲った。しかし税金を免除して作らせるという。これに背けば必ず命令に従わなかったということで咎めを受けるだろうと、やむを得ず急に稗を作って、無益の事をさせるものだと怨む者がいたのである。

しかしながら盛夏になっても降雨が多く冷気が続きついに凶歳となって、関東奥羽の飢民は枚挙できないほどとなった。この時になって、三村の民は稗で食の不足を補って、一人も飢える者はなかった。はじめて先生の明知によってあらかじめ凶荒を予測し、人民のことを心配する深意を知って、自分の浅はかさを知って、かつて無益のこととして、生きるのびるための命令を嘲ったことを後悔し、大いに尊徳先生の徳を讃えた。翌年になって、先生は再び命令を下して言った。「天運には数があって饑饉となること、遅くて五、六十年、早くて三、四十年ごとに必ず凶荒が来る。天明の大飢饉以来のことを考えるとまだ飢饉が来る、去年の凶荒はそれほど甚だしくはなかった、まだその数にあたっているとはいえない。必ず今一度大飢饉が近年にあるだろう。みんな謹んでこれに備えなさい。今年より三年の間、畑の税金を免除すること去年のとおりにする。家々が心して、稗を植えて、備えをして飢渇の憂いを免れなさい。もし怠る者があれば庄屋はこれを私に教えなさい」と命じた。三村は去年の予見が明かであることに驚いていて、かつ飢渇の害を免れていたから、謹んで命令に従って、肥料を全部使って稗を作った。このようにすること三年、三村の稗は数千石の備えとなった。天保七年になって、五月から八月まで冷気がただよい雨天が続き、盛夏となっても北風が寒いことは肌を切るほどであった。常に着物を重ね着した。その年、大飢饉となった。実に天明の飢饉よりもひどいところがあった。関東地方、奥羽地方の飢餓に苦しむ民の数はおびただしく、飢えた者が道路に横わり、行く人は涙を流し顔を覆って過ぎるほどであった。この時、桜町の三村の民だけがこの憂いを免れた。先生は三村を一戸ごとに回って、困っていない者、ある程度困っている者、大変困っている者の三段階に分けて、老若男女を問わず、一人あたり雑穀を交えて五俵ずつとし、その数に満たない者にはこれを補い、これを与え、一戸五人であれば二十五俵、十人であれば五十俵、十五人であれば七十五俵を備えさせた。貧しい者は豊年の時よりも豊かになったほどであった。先生は諭して言った。「今年は饑饉のために飢え死にを免れないものが幾万人もいる。誠に悲痛の至りに堪えない。しかしみんなはこのように対処してきたから、一民も飢渇の憂いがなく、平年のようである。これに安心し、あぐらをかいて食べる時は、冥罰が恐ろしい。みんなは世の人々の飢渇を見て、朝は未明に起きて縄をない、日々田んぼ仕事に力を尽くし、明年のために土を培養して備えを十分にし、夜はまた縄をなって筵を打って、来年十分の収穫を得たら、家ごとにいよいよ永続する根本となり、天災が変じて大きな幸福となるであろう。必ず怠ってはならない。」と教えられた。三村の民は大いに感動し、専ら家業を勤めてまた一層の幸福を得たという。

尊徳は、その豊富な知識と観察力、判断力、実行力を行使して、村人を救ったのである。この実話は、災害や飢饉に備えるということの大切さを物語っていると同時に、多くの人々にとって災害の備えの意識は相当低いという現実は今も昔も変わらないようである。

三、報徳思想

二宮尊徳の行った数々の業績の思想的な根拠は、「報徳思想」にある。報徳とは、徳に対して徳をもって報いる行為をいう。これは、尊徳の実践にもとづいて構築されてきた考え方であり、まさに実践哲学といえる。この思想は、神道、仏教、儒教などの教えをもとに農業の実践から編み出した、人間が豊かに生きるための思想である。少し詳しく見てみよう。

まず、人間がこの世に生を受け、生きつづけられるのは、天地人の三才の恩徳によるものであるとする。三才とは、世界を形成する天と地と人のことであり、私たちは自然の恩恵と社会の恩恵によって生かされていると考えるのである。それを前提として、人間は自分の欲のために生きる、これを「人心」というが、この「人心」ではなく三才の徳に報いるために生きるという精神、つまり「道心」をもたなければならないと説く。この「道心」にそった心の状態を「至誠」というのである。そして、この「至誠」、つまり最高レベルの誠実さに基づいて日常生活の中で行動していくことを「勤労」という。したがって、自分のために働くのは勤労ではない。徳に報いるために働いてこそ、勤労なのだ。勤労は、全ての物や人に備わっている「とりえ」や「持ち味（徳）」をもって働くことを意味する。全ての人間は、必ず徳を持っている。その徳を駆使して自然や社会に対して報いるために活動すれば、自他共に豊かになるのである。

次に、尊徳は、「分度」を説く。「分度」とは、分をわきまえよ、ということである。自分の天分に合った分度がどの程度かを心得ることの重要性を説く。つまり、日常生活において生計を立てる際に、人はそれぞれ置かれた状況や立場によって決まった収入がある。その天から与えられた身分や職分としての収入にみあった支出を定めることを「分度を立てる」というのである。分度を立てて、それを守ることで、生活は安定するのである。そのためには、贅沢を追い求めないで私欲を抑えることが大切になる。

最後に、尊徳は、「推譲」を説く。推譲とは、分度をわきまえた生活を行った結果生ずる余剰を社会に還元することである。「至誠」に基づき「勤労」、「分度」をして貯まった物や金銭を将来のために残したり、人のために使ったりすることを「推譲」というのである。推譲の根本は、進んで私を捨て人に譲ることであり、それが「人道」の極致である。なお、「人道」とは、天地自然の法則や機能としての「天道」に基づいて、人間が豊かに生きられるように主体的に行う努力のことをいう。

これらの一連の考え方、思想を「報徳思想」というのである。二宮尊徳は、報徳思想により「村おこし」という社会貢献活動を実践し、多くの庶民の生活を向上させ、あるいは災害や飢饉の際にそれを乗り切るための方法を身をもって指導し、その生き方としての実践哲学を社会に広めたのである。

第四章 近代

第一節　近代という時代と災害

わが国における近代は、明治時代から太平洋戦争終結までをいう。つまり、封建社会が終り、資本主義社会の一員として世界で君臨すべく、一気に西欧化に突き進んだ期間である。

一、明治時代（一八六八年～一九一二年）

一八六七年（慶応三年）十二月、王政復古により幕府が廃止され、天皇のもとに新政府が成立した。その直後から欧米列強と国際社会で肩を並べる強国をめざして、明治政府は西欧化を進め、富国強兵・殖産興業・文明開化の政策を推進した。しかし、一八七六年（明治九年）秋には西日本各地で不平士族の反乱が起こり、翌十年には西郷隆盛を擁した鹿児島士族ら約四万人が政府に反乱を起こしたが、政府軍により鎮圧された。

明治になってすぐの一八七二年（明治五年）に島根県で「浜田地震」が起こり五五二人の死者が出た。しばらくして、一八八八年（明治二十一年）、磐梯山が噴火して四六五人が亡くなった。

一八八九年（明治二十二年）二月十一日憲法が発布され、翌年の十一月二十九日に帝国議会が開設された。これにより、天皇を中心とする国家体制が確立され、限定的ではあるが国民の権利と自由が認められ、日本は当時のアジアにおける唯一の立憲国家となった。経済の面では、この頃から本格的に民間産業の育成・発展が進められた。

一八九一年（明治二十四年）には、岐阜県と愛知県を中心とする「濃尾地震」が発生し、甚大な被害を出し七二七三人もの犠牲者が出た。

日清戦争（一八九四年～一八九五年）に勝利した日本はアジアの近代国家と認められて国際的地位が向上し、受け取った賠償金は国内産業の発展に活用されて日本は本格的な工業化の第一歩を踏み出した。日清戦争が勃発したその年に山形県で「庄内地震」が起き、戦勝に湧く二年後の一九八六年（明治二十九年）、津波を伴う「明治三陸地震」が発生し、死者・行方不明者二万一九五九人という甚大な被害が出た。

一九〇四年、朝鮮（韓国）の支配をめぐる日露戦争にも勝利し、日本は帝国主義列強の一員に加わった。日露戦争の勝利によって韓国への支配権を確立した日本は、一九一〇年（明治四十三年）、韓国を併合した。また、旧ロシアの権益を引き継いで南満洲にも勢力をのばした。しかし、日本の急速な勢力拡大は、欧米先進列強からも東アジア諸国からも強い警戒心と反発を受けることとなった。

二、大正時代（一九一二年～一九二六年）

一九一四年（大正三年）、第一次世界大戦が勃発し、日本は参戦による大戦景気で一挙に景気が好転したが、大戦後は反動恐慌に見舞われて慢性的不況となった。

一九一八年（大正七年）から一九一九年（大正八年）にかけ猛威を振るったスペイン風邪で、約三九万人が死亡した。さらに一九二三年（大正十二年）に関東大震災が起こり、首都東京は壊滅状態となり、死者一〇万五三八五人を出す未曽有の災害となった。これらのことがさらに、不景気に拍車をかけることとなった。

また、政治、思想としては、いわゆる大正デモクラシー（民本主義）が世論の中心となり、民主化の風潮は文化・生活におよび、西洋風がモダニズムとして明治調に代わる大正調が時代色となった。経済・社会の進展で市民がサラリーマン化し、伝統を捨て衣食住の洋風化が進んだ。また女性の社会進出も女性の解放運動と共に顕著となった。

学問・文学なども大衆化し、講座・全集・文庫本の形でひろく読書界に提供され、国民の文化水準を向上させた。

大正も終わりに近づいた一九二五年（大正十四年）、兵庫県北部で「北但馬地震」が発生し、四二八人が犠牲となった。

三、昭和初期（一九二六年〜一九四五年）

昭和に入ると、軍部は満洲事変（一九三一年）を起して政治発言を強化し、翌年の五・一五事件以後、軍部が指導権をもつ官僚内閣が続いた。一九三二年（昭和七年）「満洲国」を樹立して中国東北部を支配下においたが、日本の国際的孤立は深まり、翌年には国際連盟を脱退し、一九三七年（昭和十二年）には日中全面戦争に突入した。

昭和に入った直後の一九二七年（昭和二年）に「北丹後地震」が京都府北西部で起こり、二九二六人の犠牲者が出た。さらに、一九三三年（昭和八年）には、三陸沿岸を震源とする「昭和三陸地震」が起き、大津波によって死者・行方不明者三〇六四人を出す惨事となった。翌年の一九三四年（昭和九年）室戸台風が、高知県室戸岬付近に上陸し、京阪神を中心として甚大な被害をもたらし、約三〇〇〇人の死者・行方不明者を出した。

日中戦争を背景に、軍国主義が強化され、戦時体制が恒常化されるに伴って、国民の権利は奪われ、議会は戦争体制強化のための機関となり、一九三六年（昭和十一年）の二・二六事件以後は事実上の軍部独裁となった。中国との戦争は泥沼化し、一九三八年（昭和十三年）に国家総動員法が公布され、その頃には経済は国家独占資本主義へと急速に移行していった。

一九三九年（昭和十四年）、ドイツ軍のポーランド侵攻を機に第二次世界大戦が始まり、一九四〇年（昭和十五年）日独伊三国同盟が締結され、日本は一九四一年（昭和十六年）に太平洋戦争に突入した。戦争当初は勝利をおさめたが、アメリカとの国力の差は歴然としており、次第に日本は劣勢となっていった。そして、一九四四年（昭和十九年）

末からの本土空襲、一九四五年（昭和二十年）八月の広島・長崎への原爆投下、ソ連の対日参戦によって、日本は同年八月十四日にポツダム宣言を受諾し、同年八月十五日に連合軍に降伏した。

戦時中にも、災害は引き続き発生し、一九四三年（昭和十八年）、「鳥取地震」が起き、一〇八三人が犠牲となった。翌年の一九四四年（昭和十九年）、「昭和東南海地震」が起こり、静岡、愛知、三重などで合わせて死者・行方不明者一二二三人を出し、終戦の年の一九四五年に「三河地震」が愛知県南部を揺らし、死者二三〇六人を出した。日本の敗戦が色濃くなった三年間、毎年、大規模な地震が襲ったのである。

第二節　近代の主な災害

一、磐梯山噴火

一八八八年（明治二十一年）七月十五日、福島県に位置する磐梯山が噴火した。この噴火は水蒸気噴火であったが、噴火に伴い山体崩壊が発生し、磐梯山を構成する成層火山の峰の一つであった小磐梯は全面的に崩壊し消滅した。

その時の様子について、『磐梯山大破裂実況取調報告書』には、

朝七時頃から、山の上に、何かゴウゴウと鳴るものがあった。人々が雷かなと思っている矢先に、七時半過ぎに大変強い地震があった。しばらくしてまた猛烈な地震が起こって揺れが止まらないうちに小磐梯が破裂した。その時刻は午前七時四十五分であった。その時、黒煙が一本柱のように空中に立ち上り、その音はものすごく、百の雷が一度に落ちるようであった。つぎつぎと十五回か二十回ほど鳴って、そのたびに同じ高さに登り最後の一発は北に抜けた。―中略―　それから（噴煙）は次第に四方に広がり山麓に落ち始めた。

写真14　噴火後の磐梯山北側からの光景
S.Sekiya,Y.Kikuchi "The Eruption of Bandai-san" 1890　所収

この煙は実は岩石の粉と蒸気が混ざったものであり、これが空中に満ちて夜のように真っ暗になり、山の下の風下になった長坂では一寸先も見えない状態になり、そのために逃げる者は道に迷い、土石の下敷きになり命を落とした者がいた。また、この粉末は高熱であり、蒸気と混ざり合って粒状になって雨のように降り、山の下にいる多くの住民はこれに打たれて火傷をし、蒸気の中で稲妻を見、雷鳴を聞いたという人がいた。とあり、落石の下敷きになり、あるいは高温の火山灰を浴びるなどして多くの死傷者が出たのである。そして北麓に岩屑なだれが流れ下り集落が埋没した。さらに磐梯山東麓を襲った火砕サージによる爆風、土石流によっても被害が出た。その後、岩屑なだれが水分を含み泥流化して長瀬川流域に大きな被害を出した。

当時、磐梯山が噴火することを知らなかった住民は逃げる間もなく噴火に巻き込まれ、時速八〇キロメートルの岩屑なだれに呑み込まれたのである。犠牲者は四六五人に上るが、遺体が発見されたのは一一七人（八七人という記録もある）のみである。この磐梯山の噴火は、明治に入ってから初めての大災害であり、また近代日本において最も多い犠牲者が発生した火山災害である。したがって、多くの人々が関心を持ち、学者たちも現地へ調査に入り学術的解説を加えた。また、新聞などのメディアが競って報道したり、義捐金を募集したりしたため、広く国民の関心を引くことになった。

二、濃尾地震

（一）地震の概要

濃尾地震は、一八九一年（明治二十四年）十月二十八日に濃尾地方で発生した。『理科年表』によると地震の規模は、マグニチュード八・〇であり、内陸地震としては最大規模の地震である。震源は、岐阜県本巣郡西根尾村（現・本巣市）付近である。推定では、濃尾平野で震度七、福井県・岐阜県・愛知県・三重県で震度六の地域が広がっており、大阪でも一部の地域が震度六となっている。震度五は、京都府・大阪府・静岡県・長野県南部にわたり、強い揺れが広範囲にわたっている。この地震の特徴の一つは地表に明瞭な断層が出現したことである。根尾谷断層では地表面に現れただけでも全長八〇キロメートルにもおよび、最大で横ずれが八メートル、垂直では六メートルのずれが生じた。また、根尾の山々は、至る所で崩落し、あるいは山肌がはぎ取られ、はげ山になったところが多かった。さらに崩壊した土砂が根尾川を塞ぎ、湖ができたところもあった。

（二）被害状況

建築物の被害は、東は山梨県、西は兵庫県までの十四府県におよんでいる。全壊家屋は、一四万二一七七戸にもなった。そして、人

写真15　濃尾地震の被害の様子
"A diplomatist's wife in Japan; letters from home to home" by Mrs. Hugh Fraser, London Hutchinson, 1899所収

的な被害は、死者が七二七三人、負傷者が一万七一七五人に上った。

もっとも大きな被害を受けたのは、震源地の南に位置する人口の集中していた岐阜・大垣などの都市やその周辺の町村であった。これらの地域は地盤の弱い沖積平野上にあったため、家屋の多くが倒壊し、火災も発生し、多数の死傷者が出た。

三、明治三陸地震

明治三陸地震は、一八九六年(明治二十九年)六月十五日、三陸沖を震源として起こった地震である。『理科年表』によると、マグニチュード八・二の海溝型の地震である。この地震の特徴は、地震の規模の割に揺れが小さく地震による被害はなかったが、大津波が北海道から宮城県に押し寄せた。このように揺れは小さいのに大きな津波が起きる地震を津波地震と呼ぶ。明治三陸地震は、その典型的な地震であった。そのため、多くの人々が、津波が来るとは思わず、逃げ遅れたため大きな被害を出した。

『風俗画報』臨時増刊第百十九号海嘯被害録中巻には、測候所長の談話として、

以上、合計十三回の地震があったが、いずれも微弱であり、夜間だったので正確にはわからないが、七時五十分頃、潮が異常な速さで引き、八時頃に津波が襲来して、一旦は引いたが八時七分に再び最大の津波が来て約四・五メートルの高さで遠雷のような音がすると家や人、家畜の全てが流失し、その後も六回にわたり津波が襲来して、波動は翌日の正午ごろまで続いた。

と記している。この時の津波でもっとも遡上高の高かった場所は、現在の岩手県大船渡市三陸町綾里白浜の海抜三八・二メートルであった。

写真16　明治三陸地震津波の石碑
（釜石市両石津波石碑）　筆者撮影

写真17　明治三陸地震津波の様子
『風俗画報』臨時増刊第119号海嘯被害録中巻（1896年）所収

人的被害は、岩手県で一万八一五八人、宮城県で三四四六人、青森県で三一六人、合計二万一九二〇人に上っている。家屋の被害としては、流失・全壊・半壊を合わせて、岩手県が六〇三六戸、宮城県が一三八七戸、青森県が五三四戸になっている。このように岩手県の被害が圧倒的に多く、特に気仙郡や南閉郡では壊滅的な被害が出た。両郡共に、被災前の人口の約三〇パーセントあまりの人が亡くなり、被災前の戸数の六〇パーセント近くが流失・全壊・半壊してしまったのである。そのほか、この三県の沿岸部は大きな津波被害を受けた。

四、スペイン風邪

スペイン風邪（H1N1新型インフルエンザウイルス）は、一九一八年から一九二〇年にかけて全世界で流行し、世界の人口（当時十八億人）の三分の一、つまり患者数約五億人が感染し、二〇〇〇万から四五〇〇万人が死亡したとされている。スペイン風邪は、アメリカのカンザス州にあるファンストン陸軍基地の兵営からはじまったといわれる。アメリカが第一次世界大戦に参戦したことで、世界中に感染が広がり、パンデミックとなったのである。

このスペイン風邪が日本に入ってきたのは、一九一八年、台湾に相撲巡業中の三人の力士が肺炎等で亡くなったのが契機であり、五月に横須賀に停泊中の軍艦から全国に広がった。約二年のうちに、約四五万人が亡くなったのである。この死亡者数は、わが国で発生したどの自然災害より多い。さらに、当時、日本統治下にあった朝鮮で二三万人、台湾で五万人の死者が出たのである。

流行は、下記のように三回あった。

①第一波（春の先触れ）：一九一八年五月～七月

この時は、多くの感染者が出たが、ほとんど死者は出なかった。

写真18　スペイン風邪のためマスクをする女学生
毎日新聞　1919年2月
20世紀2001大事件[CD-ROM]所収

②第二波（前流行）：一九一八年十月～翌年五月頃まで
第二派は、ウイルスが変異したことで致死率が高まり二六万六〇〇〇人もの死者が出た。
③第三波（後流行）：一九一九年十二月～翌年五月頃まで
第三波は、第二波より感染者数は少なかったものの一八万七〇〇〇人の死者がでて致死率は五パーセントに達した。

政府はこの時期になってようやく社会的隔離を呼びかけ、一九二〇年三月に流感は伝染病であると断定した。

当時の総理大臣の原敬、元総理大臣の山形有朋、大正天皇、皇太子もスペイン風邪にかかった。

しかし、当時の新聞記事を見るかぎり、政府もメディアも特別な伝染病であるとは警告しておらず、これが感染の拡大につながったとも考えられる。与謝晶子は新聞投稿で、学校、興行所、工場など人が密集する場所の一時休業を要請しなかったことについて政府の無策を非難した。

五、関東大地震

関東大震災は、一九二三年（大正十二年）九月一日正午前に発生した大地震によって、南関東および隣接地で大きな被害をもたらした地震災害である。『理科年表』によるとマグニチュードは七・九であった。被害は甚大で死者が一〇万五三八五人に上り、わが国の地震では最大の被害となった。

（一）地震のメカニズム

関東大地震は、地殻を構成するプレート同士が、接触面で一気にずれ動くことにより生じた地震であって、相模トラフと呼ばれる海溝沿いのプレートで発生した。同じ相模トラフを震源域とする地震としては一七〇三年（元禄十六年）の元禄地震があるが、この地域での巨大地震の発生間隔は二〇〇から四〇〇年と推定されている。

（二）地震の概要

関東大震災では、最大震度は七と推定され、地盤の弱い、神奈川県の相模川低地、酒匂川低地、千葉県の館山低地など震源地に近い沖積低地、周辺の台地・丘陵地に広がっている。また、東京都内でも所々で震度七になった所がある。

次に津波であるが、震源地が相模湾内であったため大津波が発生し、その高さは相模湾周辺と房総半島の南端で数メートルの高さであった。特に高かったのは、熱海と伊豆大島で最大一二メートル、館山付近で最大九メートル、鎌倉で五から六メートルであった。その津波が地震直後に襲来し、多くの犠牲者を出し、家屋が倒壊・流失した。

そのほか、地震や直後の大雨で、各地で地滑りや土石流などの大規模な土砂災害が多発し、液状化や地割れも各所で起こり、生き埋めなどで多数の死者が出るとともに多くの家屋や道路が破壊された。

（三）火災

関東大震災では、揺れや津波より、被害を格段に大きくしたのが、火災である。江戸は三年に一度は大火に見舞われていたが、明治、大正と相当改善され、それほど大火が起きなくなっていた。しかし、この地震では、地震直後に市街地の各所から同時多発的に火の手が上がり、東京市の全世帯の約六二パーセント、横浜市の全世帯の約六三パーセントが全焼したのである。この火災で被害をさらに大きくした要因に火災旋風の発生がある。特に、東京市

写真19　火焔に包まれた警視庁
『関東震災画報』第1輯　所収

横綱町の旧陸軍被服廠跡を火災旋風が襲い、避難していた三万八〇〇〇人が犠牲になった。火災旋風は東京で一一〇、横浜で三〇発生したとされている。

(四) 被害状況

関東大震災の最終的な被害は、死者・行方不明者が、一〇万五三八五人という地震では未曽有の数に上り、その内火災によるものが九万一七八一人と約八七パーセントを占めている。つまり、関東大震災の被害拡大の最大の原因は地震そのものではなく、火災という二次被害によるものなのだ。また、地域別で見てみると、東京市だけで六万八六六〇人と全体の約六五パーセントを占めている。

住宅被害棟は、三七万二六五九棟に上るが、こちらも火災による焼失家屋が二一万二三五三棟と、五七パーセントを占めている。また、これも地域別で見ると東京市だけで約四五パーセントを占めている。

六、**北丹後地震**（**奥丹後地震**）

北丹後地震は、一九二七年（昭和二年）三月七日、十八時二十七分に京都府丹後半島の北部を震源として発生した内陸型地震である。地震の規模は、『理科年表』によるとマグニチュード七・三である。

現在の兵庫県の豊岡市、京都府の宮津市、京丹後市では当時の震度では最大の震度六を記録した。また、揺れは

写真20　峰山町（現京丹後市）における北丹後地震の被害　『歴史写真』（昭和2年4月号）所収

広範囲にわたり、京都市、兵庫県洲本市、福井県福井市、敦賀市、奈良県奈良市、広島県福山市で震度五を記録した。

　被害が著しかったのは震源地の直近の地域で、家屋倒壊率が今の京丹後市峰山町では約九七パーセント、与謝野町では約九四パーセントに達した。また、地震発生時刻が早春の夕刻だったために、暖房や炊事の火を原因とする火災が各所で発生し、大規模な火災が発生した。一メートルに近い積雪のなかであったため、激しい揺れと共に雪の重みが家屋の倒壊を促し、避難や救助にも支障をきたしたために被害が拡大した。また、この地震では三〇校にもおよぶ小学校が被害を受け、そのうち一三校が全壊または全焼した。最終的な被害としては、死者が二九一二人、建物の全半壊が約二万三〇〇〇棟、全焼が約三六〇〇棟におよんだ。

　現在の京丹後市峰山町では、家屋の九〇パーセント以上が倒壊・焼失し、家を失った人々はまだ積雪の残る屋外で避難生活を余儀なくされた。その被害状況が新聞などで報道され、被災者支援のキャンペーンや募金活動が急速に広がった。

七、昭和三陸地震

　昭和三陸地震は、一九三三年（昭和八年）三月三日午前二時三十分に、発生した。明治三陸地震からわずか三七年後のことである。現在の岩手県釜石市の東方沖約二〇〇キロメートルの三陸沖に本海溝付近を震源とする海溝型地震であり、『理科年表』によると地震の規模はマグニチュード八・一であった。

地震の揺れは、岩手県、宮城県、福島県、茨城県で最大震度五程度であったが、三〇分から五〇分後に高さ三から八メートルの大津波が襲来した。最大遡上高は、現在の岩手県大船渡市の綾里であり、二八・七メートルを記録した。被害は、ほとんど津波によるものであった。まず、人的被害であるが、全体で死者が一五二二人、行方不明者が一五四二人に上った。そのなかで、岩手県が最も多く、一三一六人の死者と一三九七人の行方不明者が出た。特に、現在の宮古市田老の被害は甚大で人口一七九八人のうち、死者が七六三人であった。次に、家屋の被害は、全体で一万八五棟におよび、内訳としては流失が四〇三四棟、倒壊が一八一七棟、焼失が二一六棟、浸水が四〇一八棟であり、津波による流失が多かった。(『日本被害地震総覧五九九―二〇一二』)

写真21　女川における昭和三陸地震の被害
『歴史写真』（昭和8年4月号）所収

八、室戸台風

室戸台風は、一九三四年（昭和九年）九月二十一日に高知県室戸岬付近に上陸した。上陸時の中心気圧は九一二ヘクトパスカルで、観測史上最低の気圧を記録した。また、最大風速は四五メートルにおよんだ。台風は、北上し京阪神地方や岡山県を中心として、西日本一帯に甚大な被害をもたらした。

被害が最も多かったのが大阪であり、最大瞬間風速は六〇メートルに達し、学校や神社仏閣、電柱なども倒壊した。

また、四メートルもの高潮が発生し、臨海区が浸水した。特に学校の被害

写真22　室戸台風により全壊した京都西陣小学校
『歴史写真』（昭和9年11月号）所収

が大きく、京阪神地区で全壊した校舎は二九三校もあり、児童生徒、教職員合わせて八九三人が亡くなった。当時の新聞には子どもを助けるために犠牲になった教師がいくつも記事になった。このことが契機に、暴風雨の際に臨時休校が行われるようになった。

死者・行方不明者は三〇三六人を数え、負傷者は一万四九九四人、全壊・半壊家屋は九万二七四〇棟、床下・床上浸水は四〇万一一五七棟に上った。

九、阪神大水害

阪神大水害は、一九三八年（昭和十三年）七月三日から七月五日にかけて、神戸市および阪神地区で発生した大水害である。「六甲山津波」と呼ばれるほど、その土石流の速さと破壊力は想像を絶するものがあった。

神戸市では、三日から五日にかけて記録的な豪雨に見舞われ、特に六甲山南斜面では猛烈な雨が降り、総雨量が六一六ミリを記録した。六甲山は急斜面でしかも崩れやすい花崗岩で出来ているうえに、明治以降、宅地造成が行われたため山の保水力が少なくなっていた。しかも六甲山南麓には芦屋川や住吉川、石屋川など、急峻な山地から一気に海へと流れ下る川が多い。これらの条件が相まって、大量の雨で、土砂や岩、流木が土石流となり一気に沢を下り、あるいは川に流れ込み神戸市街に襲いかかったのである。流れ出た土砂は、神戸で二〇〇万トン、阪神地区全体では四〇〇万トンともいわれ、家屋や道路、鉄道を呑み込み、神戸市内のほぼ全域が土砂に埋まったのである。そのため、交通網・通信網も寸断され、都市機能は完全に麻痺状態に陥った。

死者・行方不明者は一〇二五人に上った。また、全半壊・流失家屋は九一二三棟、床下・床上浸水五〇万一二〇一棟におよんだ。これ以降、神戸市は、防災のために、河川の改修工事や六甲山の砂防施設の設置、植林が進められた。

十、昭和東南海地震

昭和東南海地震は、太平洋戦争末期の一九四四年（昭和十九年）十二月七日午後一時三十六分に発生した、三重県沖を震源とする海溝型地震である。『理科年表』によると、地震の規模はマグニチュード七・九である。

地震の揺れとしては、現在の西尾市は震度七と推定されるが、多くが震度六から震度五であった。津波の高さは、尾鷲の八から一〇メートルが最大で、到達時間は一〇分から二〇分であった。また、熊野灘沿岸で六から八メートルであった。

写真23　阪神大水害による国鉄の軌道破損
出典：国土交通省近畿地方整備局六甲砂防事務所HP

人的被害としては、死者数は、愛知県、三重県、静岡県に集中しており、全体で一一八三人に上った。また、名古屋市と半田市にあった航空機製造工場は二か所とも倒壊し、名古屋市の三井重工道徳工場で五七人、半田市の中島飛行機山方工場他で一五四人の動員学徒がレンガ造りの建物の下敷きになり亡くなった。住宅の被害も大きく、全壊が一万八一四三棟、半壊が三万六六三八棟、流失が二四〇〇棟におよんだのである。

なお、この地震は、「隠された地震」といわれ、敗戦が濃厚になっていた時期であったため、軍によって報道管制が引かれ、被害の様子は極力隠されて報道されることなく、長い間、その実態は知られてこなかった。

十一、三河地震

三河地震は、東南海地震のわずか一か月後の一九四五年一月十三日に、愛知県の三河湾で発生した。敗戦の色がさらに濃くなっていた時期に、追い打ちをかけるように起こったのだ。地震の規模は、『理科年表』によるとマグニチュード六・八の直下型地震である。この地震も東南海地震と同じように「隠された地震」といわれ、軍部の報道管制により、ほとんど報道されなかった。

なお、この地震では地面が揺れる瞬間や前触れとして地面から光が出たという発光現象の目撃情報が多い地震である。

地震の規模はさほど大きくないが、震源域の三河地域では昭和東南海地震よりも多くの死者が記録されている。死者二三〇六人、負傷者三八六六人。家屋の全壊は一万六四〇八棟、半壊三万一六七九棟とされる。

第三節　災害と支援

一、民間の義捐金

義捐金とは、明治になってできた言葉であり、新聞社などの募集に応えて災害などで被害を受けた人の生活を支えるために寄付する金銭のことである。

明治十八年に大阪で起きた淀川大洪水の際に「大阪朝日新聞」が新聞紙上で義捐金を呼びかけたのがはじめである。

その次は、自然災害に限って見てみると、磐梯山噴火によって、五〇〇人近くが亡くなった際に、多くの新聞社がこの災害を報道し、義捐金を募った。その際、東京の一五の新聞社は連名で広告を出したのである。

義捐金取次広告

今般、福島県下耶麻郡磐梯山噴火のため、その禍を蒙れる者少なからず。ついては、世の慈善家にして、右罹災者へ金円を義捐せんと欲するも、その送達方に不便を感じ、これが取次を御依頼の向きもこれあり候につき、各社申し合わせ、右取次方取扱候よう致し候間、金円相添え、左の各社の中へお申し遣わし相成り候えば、取りまとめの上、福島県庁へ差出し、救恤《きゅうじゅつ》にあて申すべく候。但し金円御寄送の向きは、これを受け取りたる社の新聞紙上にその姓名を記載し、別に受領書を差し出さず候。

明治二十一年七月

報知社、毎日新聞社、朝野新聞社、日報社、時事新報社、日就社、東京電報社、公論新報社
三益社、絵入朝野新聞社、東京朝日新聞社、両文社、今日新聞社、絵入自由新聞社、やまと新聞社

新聞社の呼びかけに応じて義捐金を出せば、氏名が掲載されるというシステムである。この流れは、全国の新聞社にも波及し全国展開した。その結果、噴火から約九か月の段階で五万八九六五人から三万八一一二円の義捐金が集まった。これは今の貨幣価値でいえば約一五億円に相当する。なお、その約六割が新聞社というメディアが募集して集めた義捐金であった。

一八九一年（明治二十四年）十月二十八日に起きた濃尾地震においても、各地にできた新聞社は競って震災情報を伝え、義捐金を募った。その結果、全国の新聞社に寄せられた義捐金は約一一万五五〇〇円にのぼった。磐梯山の時に比べて相当多額になり、以降、いわゆる義捐金文化が定着していったといえよう。

一九二三年（大正十二年）九月一日に発生した関東大地震は、地震、津波、火災によって南関東および隣接地で大

きな被害をもたらしたが、この際の義捐金（義捐品も含む）の額は莫大なものになった。国内の義捐金が六〇〇〇万円以上、皇室の内帑金《ないどきん》約一〇〇〇万円、国外からの義捐金約四〇〇〇万円を合計すると約一億一〇〇〇万円にもなる。これは、現在の貨幣価値に換算すると約三三〇〇億円になる。

二、関東大震災時の支援活動

近代において、大規模な支援活動が行われたのは関東大震災の時であろう。ここでは、近隣の自治体、あるいは学生、民間人の災害支援活動について見ていこう。

（一）全国の自治体からの支援

関東大震災では、その被害の規模と、東京という首都機能が停止したということもあって、近隣の自治体がいち早く支援活動を行った。まず、群馬県は、九月三日に自動車一四台に警察官や消防組員が分乗し、八〇俵の米などの食料を持って、支援に駆け付けた。また同時期に、知事から指示を受けた郡市町は救護班を警察官、青年団員、在郷軍人、消防組員ら三〇人体制を基本とし、医師が可能なら医師を加えて編成し、矢継ぎ早に東京を目指した。その数は九一班、三三一九人におよんだ。次に、栃木県は、当時、天皇が日光に滞在していたため、被災情報が地震発生当日に入ってきたので、県の医療救護班をすぐに出発させ、県の職員が引率して青年団一二四二人を東京に向かわせた。

もちろん、全国の自治体からも支援の手が差し伸べられた。いくつか例をあげてみる。まず、秋田県の場合には、九月二日、震災地東京、横浜では明日には米欠乏という事態になるので、出来る限り米を送って欲しいとの連絡が入り、担当者を決めて救援体制を整え対応し、六日までに七三九一俵を送付した。同じように、京都府は庁内に二五〇人の救援組織を組み県の日常業務のほかに、臨時の震災救援の組織体制を設けた。大阪府も一日に神奈川県から震災による火災発生と救援要請を受け、九月二日には情報の確認と震災地状況把握のため、警部四人をそれぞれ別ルートで上京させる措置をとるとともに、府庁に救護事務の組織体制を組み、二日から輸送を開始した。

また、震災地の混乱のなかで、送った物資が指定相手に届かないことが頻発したので、各府県は支援物資を被災地で確実に受け取るための出張所を田端駅、隅田川貨物駅、港の場合は芝浦港などの近辺に設けたのである。

さらに、効率の良い救済活動を行うために、関西圏は大阪府が中心となり、京都、兵庫、滋賀、奈良、和歌山、高知、愛媛、徳島、香川の二府八県が九月五日に会議を持ち、八日には「関西府県聯合震災救護事務所」が府庁内に設置された。この手法は、全国の各地域にも波及した。

このように、全国の自治体から迅速で手厚い支援が差し伸べられたのである。

（二）東京帝国大学による災害ボランティア

関東大震災が起きた時に、東京帝国大学の三八名の学生は夏季休暇を使って軍艦「神威」に乗船して南洋航海に出ていたが、帰国寸前の九月一日、八丈島の沖合で関東大震災のことを知った。何とか三日に大学に戻った学生たちは、大学に避難している約二〇〇〇人におよぶ被災者の食事の配給、病人の世話などの支援に当たることにした。そして、次第に支援する学生は増えていった。この活動が功を奏し、大学内の避難所は整然と運営されていた。その後、学生たちは上野公園にいる一万人を超える被災者の悲惨な状況を改善しようと支援に入った。まず、糞便の掃除と仮設トイレの設置を行い、食料の配給をコントロールしたことによって、上野公園の混乱は沈静化した。

さらに、学生たちは、「東京罹災者情報局」を立ち上げ、被災者たちに、尋ね人のシステム化と安否情報の提供を行った。主に各所の避難所にいる収容者の名簿や死傷者の名簿を区役所や警察署で収集して、多くの被災者の問い合わせに対して情報を提供したのである。具体的には、次の通りである。

① 火災にあった場所と免れた場所との境界を明らかにすること
② 焼けない場所の潰れ家調査
③ 死傷者の調査
④ 迷子の調査
⑤ 避難者の立ち退き先調査（当座の避難所・半永久的な落ち着き場所）

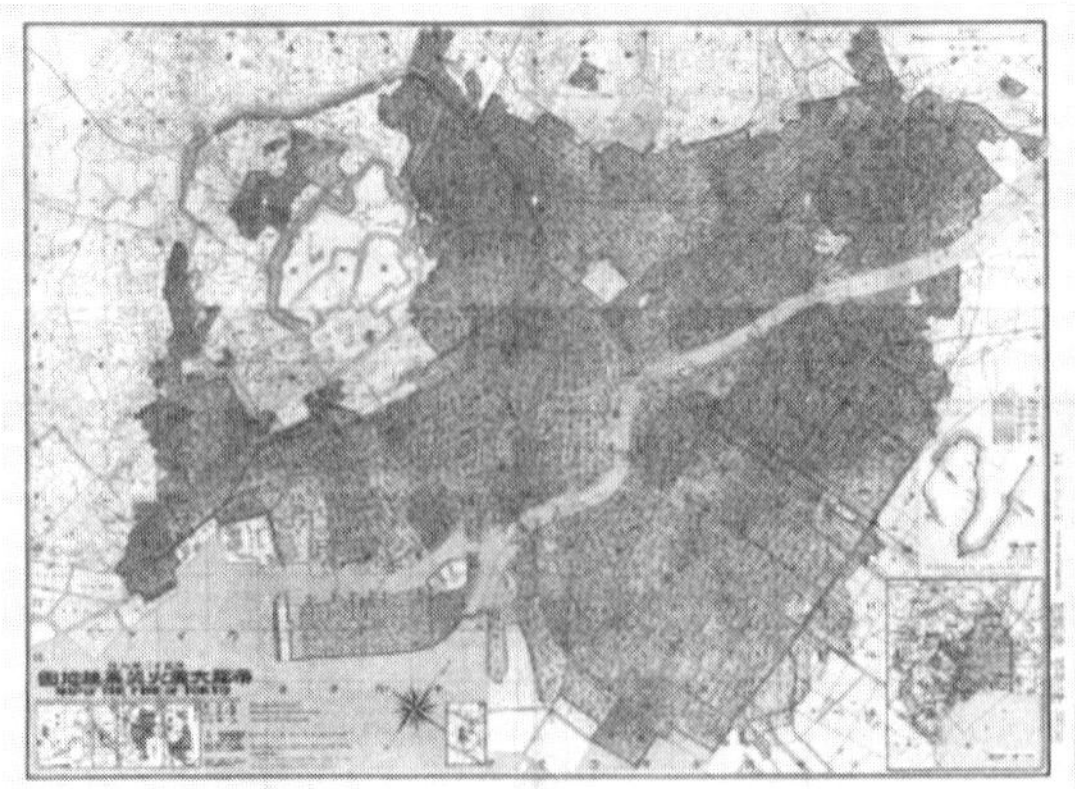

写真24　『帝都大震火災系統図』
（東京日日新聞社、大阪毎日新聞社1923年発行）

これらは、すべて貴重なデータであるが、特に焼失区域図が大きな成果として評価された。これは地震の際の火災の発生地点、延焼地域、風向、死者数などを記したものであり、その後、新聞社が買い上げ、『帝都大震火災系統図』として出版された。

学生たちの活動は、その後、セツルメント運動に向かって行ったが、この関東大震災時の災害ボランティアは、単に災害ボランティアの嚆矢ということだけではなく、ボランティア組織として機能し、高度なマネジメント力と実行力、情報収集力を備えた極めてレベルの高い活動を展開し、多くの被災者を救ったのである。

（三）森永製菓のボランティア

関東大震災が発生した直後から、森永製菓は工場が無事であったことを幸いに、被災者に対してすぐに支援活動を開始したのである。『森永五十五年史』には、「これで田町工場も大崎工場も丸ビルも全部安全であることが判ったから、これからはあるだけのものは全部出して救恤品に廻すやうにせよ」と社員に命令し、ビスケットやコンデンスミルクを救恤品として寄付したとある。二日に芝公園や日比谷公園でビスケット六万袋とミルクキャラメルを無料配布し、三日から八日まで米を五合ずつ無料で配った。一方、会社の前ではコンデンスミルクを溶かしたものを通行人に、五万人位配った。さらに、赤ちゃんのために東京日日新聞と報知新聞の九月七日付に広告を出して、赤ちゃん用としてコンデンスミルクを本社や丸ビルで配ったのである。

また、東京市に五万円、神奈川県に一万円、千葉県に四〇〇〇円、埼玉県に二〇〇〇円、静岡県に二三〇〇円、山梨県に一五〇〇円を救恤金《きゅうじゅつきん》として寄付をした。

森永製菓の被災者支援活動は、現代でいうCSR（企業の社会的責任）としての活動であり、災害時の社会貢献活動の先駆けといえよう。

なお、創始者であり社長の森永太一郎も専務の松崎半次郎も敬虔なキリスト教信者であり、博愛思想の持主であった。

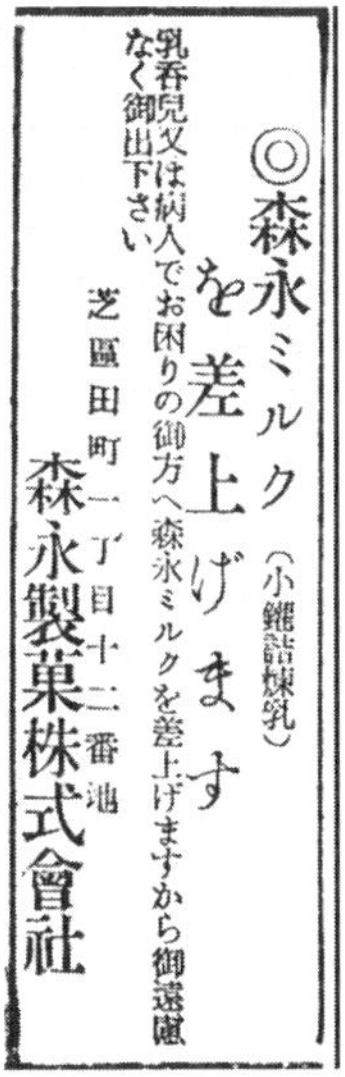
◎森永ミルク（小罐詰煉乳）を差上げます
乳呑兒又は病人でお困りの御方へ森永ミルクを差上げますから御遠慮なく御出下さい
芝區田町一丁目十二番地
森永製菓株式會社

写真25　森永製菓の新聞広告
（『東京日日新聞』1923年9月7日）
『森永五十五年史』1954年　所収

第四節　赤十字

赤十字は、ほとんどの日本人が知っている。赤十字病院は、全国各地にあり、災害が起こるとニュースで赤十字の救援活動が取り上げられる。この赤十字がわが国に誕生したのは、一八八七年のことである。それ以降、赤十字は日本の災害支援活動の最前線を歩んできたといっても過言ではない。

一、国際赤十字

赤十字は、スイス人の実業家アンリー・デュナン（一八二八年〜一九一〇年）によって創設された。デュナンは、一八五九年六月にイタリア統一戦争の激戦地ソルフェリーノに赴いた際に、サルジニア・フランス連合軍とオーストリア軍の戦いに遭遇し、そこで悲惨なありさまを目の当たりにした。見るに耐えかねたデュナンは、教会に放置されていた負傷者を「傷ついた兵士はもはや兵士ではない、人間である。人間同士としてその尊い生命は救われなければならない」という信念のもと懸命に看護を続けたのである。

三年後、デュナンは、『ソルフェリーノの思い出』という本を著し、「無事で平穏な時代から、戦争のとき負傷兵を看護するための救護団体を、熱心で献身的なボランティアたちの手で、組織しておく方法がないものか。」と訴えた。この本がヨーロッパで反響を呼び、多くの賛同者、国家が動いて、一八六三年に国際赤十字が誕生し、一八六四年、赤十字とその活動を保証するジュネーブ条約が調印されたのである。その後、赤十字は全世界に急速に広まり、世界中の戦地で兵士たちの命を救ったのである。

二、博愛社から日本赤十字社へ

一八七七年（明治十年）日本赤十字社の前身である博愛社が設立された。この年の二月に西南戦争が勃発し、政府軍、薩摩軍共に激しい戦いの中多くの死傷者を出していた。その悲惨な状況を少しでも打開するために、元老院議官の佐野常民と大給恒《おぎゅうゆずる》が、戦時の傷病兵の救護するヨーロッパの赤十字と同様の組織をつくろうと立ち上がったのである。ちなみに、博愛社の「博愛」は、九世紀の唐の詩人、韓愈《かんゆ》が著した『原道』の冒頭にある「博愛之謂仁」（博く愛する、これを仁という）から来ており、江戸時代に広く武士教育の基本の一つとして教えられた思想であり、佐野と大給の思いが込められている。また、二人とも緒方洪庵の「適塾」出身者であることが、幕末の私塾の人材育成のレベルの高さを物語っている。

博愛社の設立願書には、西南戦争において死傷者が多数出ていることを憂い、「彼此の別なく救済を為すこと」（敵と味方の区別なく助けること）を主眼として負傷者の手当の許可を願っているのである。まさに、武士道思想に基づく人道主義的な発想である。

はじめは陸軍首脳部に反対されたが、征討総督有栖川宮熾仁親王《ありすがわのみやたるひとしんのう》の英断によって、許可されたのである。これによって、博愛社が立ち上がり、ただちに戦地に赴いた救護員による救護活動が展開された。皇室をはじめ、華族、元老院議官などからの寄付金が寄せられ、また多くの医師や看護師の協力により、政府軍、薩摩軍、両軍の傷病者の救護に当たったのである。

一八八七年、博愛社は日本赤十字社と改称、赤十字国際委員会から承認されたのである。

その後も、日本赤十字社は、日清戦争や日露戦争、さらには太平洋戦争などの戦時下に、戦地において敵味方の隔てなく傷病者の救護を精力的に行っていった。

また、戦争時だけではなく、平時事業においても国際赤十字をリードする形で展開した。実際、国際赤十字で、平時事業が論議されたのは、一九〇七年（明治四十年）ロンドンで開かれた第八回赤十字国際会議であり、本格的活動が開始されたのは第一次世界大戦後からであったが、すでに日本では一八八八年の磐梯山噴火において災害救護活動が行われていたのである。

その活動内容は、災害救護活動の他、結核撲滅事業、救療事業（貧困層に対する無料診療）、妊産婦保護事業、児童保護事業、救急法、家庭看護法、路上救護事業におよぶ。

三、災害救護活動

（一）磐梯山噴火

先に見たように、一八八八年（明治二十一年）七月に磐梯山が大爆発を起こし、四六五人もの犠牲者を出した。日本赤十字社は、平時の救護活動として、昭憲皇太后陛下の内示により救護班を派遣し、救護活動を行ったことから医師の土肥淳朴、小山善、大森英郎の三人を派遣した。噴火前年の一八八七年に結成された日本赤十字社、初の災害救護活動となり、さらに赤十字活動における世界初の平時救護（それまでは戦時救護のみ）ともなった。

（二）濃尾地震

一八九一年（明治二十四年）に起きた濃尾地震では、地震の翌日の午後に愛知県が、夜に岐阜県が赤十字社と第三師団に対して医療救護を要請した。赤十字社は、直ぐに救護員を派遣した。救護所は、愛知県と岐阜県にそれぞれ六か所ずつであった。救護員の数は五十六人で、診療を行った患者が一万一九四人、そのうち死亡者が十一人であった。

この活動を契機に日本赤十字社は、一八九二年（明治二十五年）、第六回社員総会において、戦時救護だけではなく、正式に災害救護も社の事業とするように規則に「臨時天災ノ場合ニ於ル負傷者ヲ救護スル事」を加える決議がなされたのである。これは、国際赤十字が災害に取り組む二七年前のことである。

（三）明治三陸地震

一八九六年年（明治二十九年）六月十五日の明治三陸地震では、多くの人が津波の犠牲者になった。日本赤十字社は、直ちに次のように救護班を派遣した。

岩手県：医員四二人、看護人三三人、看護婦三一人

宮城県：医員三一人、看護人一人、看護婦二八人

青森県：医員六人、看護人七人

『風俗画報』には、この三陸地震における赤十字社の活動が記されている。

宮城県の「志津川」の記事に、

　住民は家屋と共に押流さるゝもあり、逃げ出さんとして濁浪に捲き去ら与るゝもあり多くは無惨の溺死を遂げ幸ひにして生き残れるものも大概重軽傷を負はざるはなければ如何とも詮方なかりしに、十七日に至り志津川附近のもの集まり来りて始末を付けたれども人足不足の為め十分に行届かず、県官、赤十字社員等も出張して救護に尽力し目下志津川病院に収容せる負傷者三六名あり。

とあり、多くの住民が津波に流され溺死し、生き残った者もほとんどが負傷しており、そのような状況下、志津川病院で三六人の治療を行ったとある。

　また、「入谷村」の記事には、

　伏屍は空しく平沙の裡に埋もれて死者未だ泉下に瞑せざる者多し赤十字社病院派出員等は同所尋常小学校を以て救護場に充て奔走甚だ勉め居れり現今場にあるもの総計一七名他は多く死し去れり歎ずべき哉

　倒れた死体は砂の中に埋もれ成仏していないものが多く、赤十字病院の派出員らは小学校を救護所にあてて必死に奔走しているが、一七人以外は多くが死んでしまって嘆かわしいことである、と現地の状況を表しており、困難

写真26　志津川赤十字仮病院内の図　『風俗画報』臨時増刊第118号海嘯被害録上巻（1896年）所収

を極めた救護活動であったことがわかる。

（四）関東大震災

一九二三年の関東大震災の被害は、東京、神奈川を中心に関東一円におよんだ。激しい揺れと共に火災、津波にも加わり未曽有の被害が出た。日本赤十字社の本社も焼け落ちたのである。東京・神奈川の支部はすぐに救護活動に入り、他の支部は招集を待たずに東京・神奈川方面に向かい、救護を開始した。関東大震災の場合、救護者が被災者でもあるという非常に困難な状況での活動であった。この非常事態において、日本赤十字社は、臨時震災救護部を設置し、「臨時震災救護規則」を制定して、救護予算の編成、病院の拡充、臨時病院の開設、巡回診療の実施などを行ったのである。

四、日本赤十字社の思想

日本赤十字社の基本理念は、一八八七年の社則の前文に博愛社当初からの思いである「彼我の区別なく」をかかげ、第一条に「本社は戦時の傷者病者を救療愛護し、力《つと》めて其苦患を軽減するを目的とす」とあるように、戦争においても負傷すれば敵味方関係なく人としてその命を助けるという人道主義に基づく普遍的なものである。そこに平時の災害や感染症から人々の命を助ける活動まで広がっていくのだが、これらの活動も全て人道主義によるものである。ただ、当時、日本が戦争に向かう中、軍部の圧力や介入は次第に強くなり、活動の制約もあったが、本質的な思想は貫いて戦後に受け継がれたのである。

第五節　渋沢栄一

渋沢栄一（一八四〇年～一九三一年）は、江戸時代末期、幕末の幕臣であった。その後、明治維新を迎えると大正初期にかけては大蔵官僚として近代日本の経済を作り上げた第一人者であり、日本資本主義の父と呼ばれている。また、一流の実業家としても活躍し「道徳経済合一説」を唱え、数多くの社会事業を行った。その活動において、関東大震災の復旧・復興に大きく寄与したのである。

一、生涯

渋沢栄一は、染料の藍玉の製造販売と養蚕業を行い、米や野菜などの生産も手がける大農家に生まれた。したがって、一般的な農家とは違って、算盤をはじく商業的な才覚も求められる環境で育ったのである。一方、幼い頃から父親に学問の手解きを受けた。そして、教育学者であり官営富岡製糸場長にもなった従兄弟の尾高惇忠から本格的に「論語」をはじめとする中国の古典である「四書五経」などを学んだ。

一八六一年に江戸に出て大儒学者である海保漁村の門下生となった。また、剣術は、千葉周作の起こした「北辰一刀流」を学んだ。勤皇の志士との交流を通じて、「尊王攘夷」思想の影響を受けて、高崎城乗っ取りの計画を立てたが中止し、京都へ向かった。

京都では、一橋慶喜に仕えることになり、一橋家の家政の改善などに実力を発揮し、次第に認められていった。主君の一橋慶喜が十五代将軍となったのに伴って幕臣となった。そして、パリで行われる万国博覧会に慶喜の弟である徳川昭武の随員としてフランスを訪れ、ヨーロッパ各国を訪問したのである。その後、徳川昭武のパリ留学に従ってパリに行った。

明治維新となり欧州から帰国して、「商法会所」を静岡に設立、その後大蔵官僚として新しい国づくりに深く携わったのである。

一八七三年には、大蔵省を辞めた後は、民間の経済人として活躍した。まず、「第一国立銀行」（現在のみずほ銀行）の総監役の頭取に就任し、そこを拠点にして、日本ではじめての株式会社組織による企業の創設・育成に力を入れた。そして、七十七国立銀行、東京ガス、東京海上火災保険、王子製紙、帝国ホテル、秩父鉄道、京阪電気鉄道、東京証券取引所、キリンビール、サッポロビールなど、多種多様にわたる企業の設立に関わり、生涯に約五〇〇以上もの企業に関わったといわれている。したがって、栄一は、莫大な富を得る立場にあったのだが、利益のほとんどを財団の設立や寄付として社会に還元したのである。

二、社会活動

渋沢栄一は、実業界の中で最も社会貢献活動に熱心な人物であった。東京慈恵会、日本赤十字社の設立等に携わり、財団法人聖路加国際病院初代理事長、財団法人滝乃川学園初代理事長、ＹＭＣＡ環太平洋連絡会議の日本側議長等も歴任した。また、後で述べるように関東大震災後の復興のために寄付金活動に奔走した。

次に、栄一は、商業教育にも力を入れて、商法講習所（現在の一橋大学）、大倉商業学校（現在の東京経済大学）の設立に協力した。また、早稲田大学、二松学舎（現在の二松学舎大学）、国士館、同志社大学の寄付金の取りまとめに関わった。さらに、女子の教育の必要性を考え、日本女子大学校、東京女学館の設立にも携わった。栄一は、約六〇〇の教育機関・社会公共事業の支援並びに民間外交に尽力したといわれている。

三、関東大震災での支援活動

一九二三年（大正十二年）九月一日に発生したマグニチュード七・九の地震は、近代的首都機能を備えた東京、横浜を中心とする関東地方の広範囲に甚大な被害をもたらした。

当時栄一は八十三歳であった。地震が発生した時、栄一は日本橋兜町の渋沢事務所にいたが、何とか難を逃れて自宅まで帰った。その後事務所があった辺りは全て焼き尽くされてしまったのである。栄一の身を心配した子どもたちは事態が落ち着くまで故郷深谷への避難を勧める。しかし、栄一は「わしのような老人は、こういう時にいささかなりとも働いてこそ、生きている申し訳がたつようなものだ」としかりつけて、数多くの震災救護・救援・復興事業を積極的に進めた。

まず、協調会を活用した救済・救援活動を行った。九月四日、当時、協調会副会長であった栄一は、内務大臣・後藤新平に呼ばれた。協調会とは、労働者と資本家の協調を目指した労働団体で、設立以来その活動に尽力していた。栄一は、後藤から協調会に復興への全面的な協力を求められ、被災者の救護・救援活動を依頼されたのである。栄一は、その場で協力を承諾し、その後、協調会と内務省とを行き来し、被災者の収容、炊き出し、情報案内所・掲示板の設置、臨時病院の確保など、行政では手が回らない被災者対策を迅速に進めたのである。

また、栄一は、救済事業のための資金調達をするための組織を作った。九月九日に、東京商業会議所に集まった約四〇名の実業家に対し、座長を務め、民間有志による救護・復興に関する組織を立ち上げることを提案した。これに貴族院・衆議院議員有志も加わって、「大震災善後会」が結成された。大震災善後会は、その目的を「罹災者救済及び経済復興」と定め、資金配付が必要な事柄の調査と寄付金の募集を行ったのである。その後、内外の実業家に対し寄付を呼び掛け、積極的に資金を集めたのである。大震災善後会は、孤児院や労働者のための託児所の設置、被災した外国人への支援など、多くの復興事業に資金を配分したのである。

四、渋沢栄一の思想

渋沢栄一は、「道徳経済合一説」という哲学を展開した。企業の目的は利潤の追求にあるが、その根底には道徳が必要であり、他者や国、あるいは人類全体の繁栄に対して責任を持たなければならないという意味である。栄一の著書である『論語と算盤』から、その哲学を垣間見てみよう。

栄一は、「利殖と仁義の道とは一致するものであることを知らせたい。私は論語と十露盤とをもって指導しているつもりである」と述べ、孔子の教えを説いた「論語」と「算盤」、つまり人倫の道と商道の一致を説いている。また、「自分は常に事業の経営に任じては、その仕事が国家に必要であって、また道理に合するようにして行きたいと心掛けてきた」、「一個人に利益ある仕事よりも、多数社会を益して行くのでなければならぬ」と論じ、経済は国や社会全体の利益のために行うのであって、個人の利益のために行うものではない、そしてその行いは道理にあっていないといけないとしている。

さらに、「富を造るという一面には、常に社会的恩誼あるを思い、徳義上の義務として社会に尽くすことをわすれてはならぬ」と述べ、富を得るということは、社会のお陰であるということを理解したうえで、道徳的な義務として社会に還元することが大切であると説いた。さらに、「武士道は移しもって、実業道とするがよい。日本人は、あくまで、大和魂の権化たる武士道をもって立たねばならぬ」と言い、武士道的精神を持って実業家も世の中の役に立たなければならないと説いている。この武士道とは、鎌倉以来の武士としての倫理観・生活規範である。

幕末期、武士が社会を変革した。彼らは、日本の国をよりよいものにしようと命をかけて行動した。この武士たちが自分の命をかけて国のため社会変革のために行動した思想的根拠が武士道思想である。栄一は、幕末から昭和のはじめにかけて日本をリードし変革を成してきた一人である。その生き方、行動の根底にはまさに武士道がある。武士道は、神道、仏教、儒教思想の影響を受けながら独自に形成されてきた。

しばらく、武士道の特徴について、その主なものを見てみよう。

まず、武士道思想において特筆すべき特徴の一つが「覚悟」である。覚悟は、言葉や理屈からだけでは生まれない。言葉だけでは、どこまで決意しているのか、どこまで本当なのか、わからない。それに対して、行動はやるかやらないか、成功するか失敗か、いずれにしろごまかしがきかない。つまり、行動するということは覚悟がいるのである。

次に、「礼」である。武士は、礼を重んじ、それに基づいて身を処してきた。礼とは、社会の秩序を保つための生活規範であり、礼儀作法をはじめ社会制度なども含めての総称である。また、相手を敬って拝することであり、相手に対して謝意を表す言葉でもある。社会的秩序を保つための礼は、孔子の理想であった。孔子は礼をもって社会の秩序の安定をはかろうとした。礼は法律のように強制力はない。しかし、刑罰を伴う法律によって強制的に社会を秩序だてるのではなく、あえて法に頼らず、礼によって政治を行うことが孔子の理想であった。また、礼は相手を敬うということ、相手に感謝の意を表すためにある点が見逃せない。つまり、これはお互いが人間関係において相手を慮ることをしないと生じない精神性である。礼儀は相手に対してこちらの敬意や感謝の気持ちを表す身体表現なのである。礼は、敬意と感謝の気持ちを持つことからはじめなければならない。そして、それはひるがえって自分自身を律するための行為でもある。

さらに、「潔さ」が求められる。日本では、美しく身を処することが求められてきた。美しいとはどういうことか。潔いということである。潔い身の処し方が武士道的な生き方である。潔さは、どこから生まれるのか。それは、使命感からであろう。社会のために何かをするという覚悟が、潔さを生む。自分のためだけを考えると人間は物に、地位に、命に固執してしまう。固執すると見苦しい態度となる。社会のために、未来のために使命感を持って生きるということが、潔い身の処し方といえる。そのためには、自分を捨てきること、潔さが求められたのである。自分を捨てきることとは、私の自我を捨てることであり、無私になることである。潔い身の処し方とは、使命感をもって事にあたり、そのことに専念するが執着しない、未練を残さない生き方である。このような生き方は、広い視野を持つことができ、また世の中の本質を見抜くことができる。本質を見抜いた人間の行動は、そうではない人間とはかけ離れた成果をもたらすことになる。なぜならば、潔さは大志とつながった時に改革者、先覚者となるからである。

最後に、「仁」である。仁については、第三章で述べたのでここでは省くが、仁とは人を愛することであり、他者のために尽力することである。

このように、渋沢栄一の「論語と算盤」の奥には、武士道が流れていたのである。

第六節　天譴論争

一、関東大震災と天譴論

一九二三年（大正十二年）、関東大震災が起きた直後から、震災の原因を天譴論に求める考えが著名人から続出した。当時、財界のリーダーだった渋沢栄一は、「大東京の再造についてはこれは極めて慎重にすべきで、思ふに今回の大しん害は天譴だとも思はれる。明治維新以来帝国の文化はしんしんとして進んだが、その源泉地は東京横浜であつた。

それが全潰したのである。しかしこの文化は果して道理にかなひ、天道にかなつた文化であつたらうか。近来の政治は如何、また 経済界は私利私欲を目的とする傾向はなかつたか。余は或意味に於て天譴として畏縮《いしゅく》するものである。」（『報知新聞』一九二三年九月十日夕刊）とし、明治維新以降の退廃した文化や釈然としない政治、私利私欲にまみれた経済を天が罰したのだと述べている。

当時実業之日本社社長だった増田義一は、「勤労をいとうて安逸をむさぼり、驕奢《きょうしゃ》にながれ淫靡《いんび》に陥り、自由恋愛を唱え三角恋愛をとき、いたずらに享楽主義にかたむき、カフェーは繁昌し、舞踏は流行し、惰気満々、無責任の徒多く、不正事件頻発し、賄賂公行し、じつに不真面目の状態であった」とし、物質主義に走る人々を憂い、また思想的退廃から来る人間の堕落として、「社会主義や危険思想が伝播せんとし、農村の赤化運動さえ見るにいたり、社会の秩序や規律をおもんぜず、わがまま勝手な思想が増長せんとした」と嘆いた。そして、「今回の大天災は天がわが国民に向かって譴責《けんせき》し、かつ一大警鐘をならしたものというべきであるまいか」と論じている（『天災と大教訓』）。

仏教学者で政治家でもある椎尾弁匡は、『人類の過失也』において、「……今回の震災は天災には相違ないが，これを天災というも，人禍として反省する必要があると思うのである。又これを単に奢侈《しゃし》、贅沢、軽佻浮薄《けいちょうふはく》の天罰なりというは、あたらざる感じがないでもないが，人禍かくの如しとせばこれを天罰と見る事も亦不当ではない」と述べている。

また、永井荷風も『断腸亭日乗』のなかで、「帝都荒廃の光景哀れといふも愚かなり。されどつらつら明治以降大正現代の帝都を見れば、いはゆる山師の玄関に異ならず。愚民を欺くいかさま物に過ぎざれば、灰燼《かいじん》になりしとてさして惜しむには及ばず。近年世間一般奢侈驕慢《きょうまん》、貪欲飽くことを知らざりし有様を顧みれば、この度の災禍は実に天罰なりといふべし。何ぞ深く悲しむに及ばむや。民は既に家を失ひ国土また空しからむとす。外観をのみ修飾して百年の計をなさざる国家の末路は即かくの如し。自業自得天罰覿面といふべきのみ。」と記している。

また、キリスト教思想家の内村鑑三は、日記のなかで、「神は村落を造り、人は都会を作る。虚栄の街たる都会の無き所に、如何なる天災と雖も過大の損害を生ずる事は出来ない。其意味に於て今回の天災は確かに天譴である」、「時々斯かる審判的大荒廃が降るにあらざれば、人類の堕落は底止する所を知らないであろう」と述べている。また、旧約聖書の「創世記」に出てくるソドムとゴモラの街と震災後の東京をオーバーラップさせて捉えている。ソドムとゴモラは、堕落してヤハウェに対して多くの罪を犯したためにヤハウェに天の火で焼き尽くされて滅びてしまった町である。内村は東京が堕落してしまったため天譴が下ったのだと捉えたのである。同じく、キリスト教信者で救世軍の士官であった山室軍平は『真に国民反省の機』のなかで、「此度の震災は、物慾に耽溺していた我国民に大なる反省を与える機会であった。堕落の底に沈淪せる国民に対して大鉄槌を下したということは，大なる刺戟と反省とを与えるに十分であった」と述べている。

さらに、当時、陸軍次官であり後に陸軍大臣、外務大臣となった宇垣一成は、「物質文化を憧憬し思想壊頽に対する懲戒として下されし天譴としか思えぬ様な感じが、今次の震火災に就いて起りたり。然り、かくのごとく考えて今後各方面に対する革新粛清を図ることが緊要である」（『宇垣一成日記』）といっている。

また、政治家の元田肇は論稿『大震火災に逢うて』で「古人は天災地変ある毎に是を天譴として自己の行動を慎んだものであるが、余は其果して天譴なるや否やを知らず、科学上より考察すれば他に理由あるべし、然れども余は之を天譴として謹慎奮励せなければならぬと思う」と述べ、科学的に考えれば天譴とはいえないだろうが、精神論的に天譴と捉えて謹慎して奮励しなければならないというのである。

このように、渋沢栄一は儒教・神道的な立場から天道に背いたから震災が起きたとし、増田義一は儒教的・イデオロギー的な視点から、椎尾弁匡も天災、いわゆる運命論を論じながらも天譴論の立場をとっている。また内村鑑三や山室軍平はキリスト教思想に基づいた天譴論を展開している。そして、権力者側からの発言として宇垣一成や元田肇が天譴論を論じている。

ところで、これらの天譴論は古代における天譴論とは相当違った内容である。つまり、本来、古代における天譴論は、先に見たように天皇の政治が未熟だったり、うまくいかなかったりした時に神からの罰が下るという天譴論であり、また中世から近世にかけての天譴論の対象は時の為政者、つまり幕府の将軍や藩主の政治に問題があった場合に天が罰を与えるというものであった。それに対して、関東大震災時の天譴論は、社会が、国民が堕落し、西洋文化におぼれ勝手気ままな自由にうつつを抜かしているから天から罰が与えられたのであるという意味での天譴論である。これは、まったく意味が違う。

二、天譴論否定論者

それに対して、天譴論を否定する著名人もいた。

芥川龍之介は、「この大震を天譴と思へとは渋沢子爵の云ふところなり。誰か自から省れば脚に疵なきものあらんや。脚に疵あるは天譴を蒙る所以、或は天譴を蒙れりと思ひ得る所以なるべし、されど我は妻子を殺し、彼は家すら焼かれざるを見れば、誰か又所謂天譴の不公平なるに驚かざらんや。不公平なる天譴を信ずるは天譴を信ぜざるに若かざるべし」（『大震に際せる感想』）と述べ、不公平性からみて天譴はあり得ないとし、渋沢の天譴論を否定している。

また、同じ作家の菊池寛も『災後雑感』において、「もし、地震が渋沢栄一氏の云ふ如く天譴だと云ふのなら、やられてもいゝ人間が、いくらも生き延びてゐるではないか。渋沢さんなども、―中略― 自分の生き残つてゐることを考へて、天譴だなどとは思へないだらう。」と皮肉たっぷりに渋沢の天譴論を批判し、天譴論を否定している。

地震学者の寺田寅彦も、「著しい事変のある度に、それが、人間の風儀の悪くなったための天罰だと言って、自分ひとりが道徳家でもあるような顔をしたがる人がある。これも昔から今まで変りはない。昔のそういう人の書いたものをよく見ると、人間というものは昔から全く同じことばかり繰り返しているものだという気がする。どうしてこういつまでも進歩しないものであろう。」（『事変の記憶』）と述べ、天譴論を論ずる人は自分を道徳家だと思い込んでいるのであり、昔からそういう類の人は同じことをいうと批判している。

三、天譴論から「国民精神作興詔書《こくみんせいしんさっこうしょうしょ》」へ

ただ、当時の世相として、関東大震災の原因を天譴論とする人々が政界や軍隊、財界、文学界の著名人に多く、社会の退廃化を理由とする天譴論が社会の主流となったのである。

このような世論の流れを受けて、一九二三年（大正十二年）十一月十日には「国民精神作興詔書」が大正天皇の名で出されて、これを契機に国民の思想統制が一気に進められた。個人主義の風潮や大正デモクラシーの広がり、あるいは社会主義の台頭などの社会運動の隆盛に対処し、関東大震災後の社会的混乱を早期に沈静化させるために、国民精神の振興を呼びかけたものである。教育勅語《きょういくちょくご》、戊申詔書《ぼしんしょうしょ》の流れをくんでおり、軽佻浮薄《けいちょうふはく》を非難し、質実剛健・醇厚中正《じゅんこうちゅうせい》に立ちかえって国家の興隆を図るようにと国民を戒めたのである。

四、天譴論再考

本書の第一章で述べたように、天譴論は元々天皇が対象であったが、時代が下り将軍など武士の為政者を対象とするようになった。そして、近代になると、その対象が社会、あるいは市民が対象となったのである。つまり、近代以降、社会が退廃化し、乱れていることへの天譴の対象がその社会を構成している市民ということになったのである。その変化の根底には、民主主義、ナショナリズムがあると考える。どういうことかといえば、明治になり、同時に、日本の開国は外国からの脅威があったため、当初からナショナリズムの高揚があった。それと同時に民主主義がスタートし、私たち国民が政治を行うという考えが社会に定着した。しかし、天皇制のなかでの民主主義であり、主権自体の論争はあまりなく、大正デモクラシーにおいても民本主義が唱えられた。つまり、主権論は展開されず、市民が持つべきことは人権論と政権論であるという考えに基づいて展開された。そのようななかで、主権が誰に有るかは別として、政権や人権を有した市民が社会を構成し、機能させているとなれば、その行い振舞いの良し悪しについてはその責任の対象は社会や市民になる。したがって、天譴論の対象が社会や市民に向けられるようになったのである。またそれと同時に、戦争へと向かう日本においてはナショナリズムに基づいた国家主義が必然であり、そのためには国民を統制する必要があった。そのような社会的状況のなかで関東大震災が起こり、自由を謳歌する人々が天譴されたという捉え方は、権力者側にとって都合がよかったのであろう。つまり、天譴論を用いることで国民を統制する契機としたのである。このように、近世社会では庶民とは無関係であった天譴論が、近代になり庶民が国民、あるいは市民になったことで天譴論の対象となったのである。

第七節　外国人から見た関東大震災と日本人

ここでは、大規模災害時の日本人の振舞いがどうであったのか、それを外国人がどのように見ていたのかということについて、関東大震災を取り上げて見てみよう。そして、当時の日本人の倫理観について考えてみたい。

一、ポール・クローデルが見た日本人

ポール・クローデル（一八六八年～一九五五年）は、フランスの外交官であり、劇作家、詩人でもあった。外交官としては駐日・駐米フランス大使などを歴任した。関東大震災当時、クローデルは、駐日フランス大使で日本に赴任しており、地震が起きた時、東京のフランス大使館に居たのである。自身も被害を受けたが、当時の状況を詳細に記録している。クローデルは自著の『朝日の中の黒い鳥』のなかで、関東大震災直後の日本人被災者の振舞いについてその冷静さや我慢強さに驚嘆し、次のように記している。

　地震の日の夜、私が東京と横浜の間を長時間歩いているとき、あるいは生存者たちが群れ集まった巨大な野営地で過ごした数日間、私は不平一つ聞かなかった。人々はまるで両親が発狂してしまった良家の子供たちのように悲しみに満ちた諦《あきら》めの気持ちを抱いていた。気のふれた親が傍《かたわ》らの部屋であらゆる錯乱《さくらん》に身を任せているときにじっと我慢している子供の気持ちをもっていたのである。

災害に遭った際に、日本人は諦めの気持ちで災害を捉えたのである。それは、愛しているし愛してほしい母親のように自然を捉えているからこそ、恨まないで諦めるのである。錯乱が収まるまで、つまり災害が収まるまでじっと我慢しているのである。それだけではない。

人の話によれば、上野の高台を上っていく避難者たちの群れの中では、ときどき一グループの人々が立ち止まって迫ってくる火の海をじっと見ていたそうである。そこからは「美しい。素晴らしい」という称賛《しょうさん》の念の混じった叫び声も聞こえたという。

身に迫っている災害は恐怖以外の何物でもないはずだが、そこに美しさと感動の感情が沸いてくる。まさに、はかなさへの共感ともいえる日本人の心性が吐露したのであろう。ここに日本人の自然観、人間観が見て取れる。

さらに、クローデルの言葉は続く。

根本においては、日本人のストイシズムはおそらく儒教の礼の一形態なのであろう。諸々のアジアの民がそうであるようなこの山のような群集の中では「運動における注意」というものを学ばなければならない。唐突な動きとか人を傷つける感情の爆発によって隣人たちを煩《わずら》わせたり迷惑をかけたりしてはならないのである。同じ一隻の小舟に乗り合わせた人々は皆じっと静かにしていなければならない。雑踏の中で一人の男は傍らの男に足を踏まれたまま不平も言わず一時間もじっとしていることであろう。

日本人の我慢強さ、己の感情を抑えるストイシズムは、儒教の礼から来ていると捉えている。つまり、世の中を秩序だてるものとしての礼、相手を尊重することから生まれる礼が日本人に根付いているのである。しかも、生死のかかった極限状況においてもである。

また、救助を求める日本人の態度にも驚いている。

廃墟《はいきょ》の下に埋もれた犠牲者たちの声も「助けてくれ！こっちだ」というような差し迫った呼び声ではなかった。「どうぞ、どうぞ、どうぞ」（お願いします）という慎ましい懇願の声だったのである。

このような生死がかかった時でも、日本人には謙虚さを美徳とする心性が働いているのである。

二、ノエル・F・ブッシュが見た関東大震災と日本人

ノエル・F・ブッシュ（一九〇六年〜一九八五年）が著した『正午二分前―外国人記者の見た関東大震災―』は、ドキュメンタリーである。一九六二年にアメリカで出版され、一九六七年に日本語に翻訳されて日本で出版された。世界初の関東大震災のドキュメンタリーである。この本はブッシュが戦後に取材して書かれたもので本人が震災当時日本で被災した体験を著したものではない。しかし、国内外の震災体験者からの取材を元に震災時の様子や体験者の考えや感情を克明に伝えている。また、それをアメリカ人記者の感性で著しており、当時の外国人から見た日本観、日本人観が垣間見られると考える。

まず、ブッシュは、日本人の倫理観の高さについて次のように述べている。

この大地震を体験した西欧の人たちは口を揃えて、災害に当面した一般日本人の模範的な勇気と沈着な行為を称賛した。あわてふためいた場合は、極めてまれであった。略奪行為は、非常に少なかった。東京や横浜の公園で恐ろしい火災の最初の夜を過ごした大群衆の大部分は、目立って規律正しかった。そうした極度の緊張状態におかれながら、常には見られないような勇気を示し、常識を守った例は枚挙するにいとまがないほどであった。

災害時に暴動や略奪が起こることは、海外では当然のことなのである。にも関わらず、日本ではそれがほとんどなく、それどころか恐怖のなか、パニックにもならずに規律正しい行動をする日本人を称賛している。特に、大群衆ともなると、そのエネルギーが高騰して制御が効かなくなり混乱し、暴走するのが普通であるが、逆にそのエネルギーが沈静化の方向に働くということは、西洋人にとっては信じがたいことなのである。

さらに、ブッシュは、非常事態の日本人の思いやりの行動を取り上げている。

大震災に対する日本人の反応を目のあたりに見た人たちは、日本人がかつてどこにも見られなかったような反発力をもって、その不幸に立ち向かったという点では見解を同じくしている。典型的なのは、地震後に箱根から横浜まで徒歩でいかなければならなかった人の体験談だが、その人は、日本人の態度が非常によくなっていたのを認めたのであった。途中一軒の茶店に寄った彼が、勘定を払おうとすると、その店の女主人は受けとろうとはしなかった。彼女はいった。お茶はいつでもただなんですが、お菓子代もこの際だから要らないのです、と。こうした親切や思いやりの行為は、決して下層の人たちのあいだだけのものではなかった。摂政宮殿下もまた地震の翌日、お内帑金《ないどきん》のなかから一千万円を下賜したが、これは政府の緊急基金と同額であった。日本の他の地域からも人員や食糧だけでなく、かなりの額の衣類や金銭が送られてきた。あらゆる階層の人たちから、政府の救助作業に協力して、個人的な寄付が殺到した。

わが国は、災害時になるとお互いが助け合おうとする精神性が表面化するようである。その理由は伝統的に仏教でいう慈悲、儒教でいうところの仁の心が伝統的に根付いているからだろう。しかも、その精神性が全ての階層に行きわたっているところが日本の特徴であり、これがわが国の社会を形作っているのである。

また、次のような記述もある。

　とくに目立ったのは、東京の近くにある醤油製造業者で、この人は自分のところの工場を援助の兵站基地として、そこから米や、漬け物や、飲料水を発動機船で川を下って東京まで送らせたが、彼はそれについて、日ごろ自分の店の製品を買ってもらっているお礼の一端である、と説明していた。

わが国では、昔から「お陰さま」「お互いさま」「お世話さま」などの言葉に代表されるような輪廻の思想がある。これは、一見、ギブアンドテイクというように利害関係の上になりたっていて思想的には利己的にも思えるが、そうではない。ここで求める見返りは、なんの保障もなく、ただそう信じる、さらにその見返りは生まれ変わってからかえってくるというように現世で実現しなくてもよい、また「自分に返る・相手に返す」ということだけではなく、「誰かに返る、誰かに返す」という広がりを持った考え方であり、実際には人のための行動、つまり利他的行為とつながる思想である。

また、第三章で述べたように、わが国では商売を「道」と捉える商道の思想がある。日本人は昔から商売をも、「物を売る」、「お金を設ければよい」というだけではなくて、人としての道として捉えていたのである。その代表的なものが、近江商人の「三方よし」という思想である。「三方よし」とは、「買い手よし、売り手よし、世間よし」ということである。つまり、商売の基本理念は、買い手も売り手も共に満足し、しかも社会貢献のできる商いが良い商売だというのだ。この言葉自体は戦後の研究者が分かりやすく標語化したものだが、近江商人の理念を的確に表している。この「三方よし」の思想をはじめて文章化したのは、江戸時代中期の近江商人の一人である麻布商・中村治兵衛である。彼が、孫に残した書置には、「たとえ他国に行商に出向いた際でも、自分の商品がその国の全ての人々が満足できるように、自分のことは考えずに全ての人々の幸福を優先することを心掛けるように」と説いている。また、近江商人の家訓の中には、「陰徳善事」という言葉がよく出てくる。これは、人知れず善い行いをすることを意味し、自己顕示や見返りを期待せず人のために尽くすようにという意味である。そして、近江商人は、正当な利益を社会貢献に使うことが、結果としては会社の持続的な繁栄につながると考えたのである。このような商道は、何も近江商人だけではなく、日本の伝統的なビジネスにおける思想であり、ここに取り上げられた話は大災害においてもそれが発揮された事例なのである。

以上、二人の外国人から見た関東大震災における日本人観について見てきたが、ここで特筆すべきことは、このような心性は日本人論としてよくいわれることであるが、外国人から見ても特徴的に捉えられているということである。また、それが生死のかかった状況下であり、しかも階層を超えて多くの日本人の心に根付いているところが大きな特徴といえよう。

第五章　現代

第一節　現代という時代と災害

一、戦後の昭和

一九四五年（昭和二十年）、第二次世界大戦で敗戦国となった日本は空襲によって荒廃し、物価が急騰して多くの失業者が出た。日本本土は、アメリカを主とする連合国軍の占領下となったが、そのなかで一九四六年（昭和二十一年）に日本国憲法が公布された。

終戦の年の一九四五年九月に、枕崎台風が日本を縦断し、四〇〇〇人近くの死者・行方不明者という甚大な被害を出した。次の年の一九四六年十二月には、南海トラフ沿いを震源とする昭和南海地震が起こり、太平洋沿岸に津波が襲来し、一三〇〇人以上の犠牲者が出た。

一九四七年から東西冷戦がはじまり、一九五〇年（昭和二十五年）に朝鮮戦争が勃発したが、そのことで日本は好景気となって経済が急激に活性化した。

この頃も災害があいつぎ、一九四七年九月、カスリーン台風、東海以北で主に豪雨による被害によって二〇〇〇人近くの犠牲者を出した。一九四八年六月には、福井地震が起こり、四〇〇〇人近くの死者がでた。一九五〇年九月、ジェーン台風により四国以北が被害にあり、約六〇〇人の死者・行方不明者が出た。

一九五一年（昭和二十六年）、アメリカとサンフランシスコ平和条約を結び、日本は国家としての全権を復活させるとともに、同時に日米安全保障条約を締結した。一九五〇年代後半から冷戦による緊張が緩和され、日本も一九五六年にソ連との国交が回復した。またこの年に国際連合に加盟し、国際社会に復帰した。

この頃、一九五四年九月、洞爺丸台風が全国を襲い、函館港内で洞爺丸が転覆するなど一八〇〇人近くが亡くなった。一九五八年九月、狩野川台風、近畿以北、特に静岡県で被害が多く、死者・行方不明者は約一三〇〇人に上った。一九五九年以降、平均成長率が一〇パーセントの高度経済成長期を迎え、一九六四年、東京オリンピックが開催され、さらに経済は順調に伸びて、技術革新とエネルギー改革により産業が大きく成長したのである。一九六八年にはGNPが西側諸国で二位になり、経済大国として国際化が進んだ。

右肩上がりの経済成長のなか、一九五九年九月に、近代以降では台風による史上最大の被害を出した伊勢湾台風が名古屋を中心に全国を襲い、死者・行方不明者は五〇〇〇人を超えた。そして、一九六〇年五月、チリ地震の津波が遠く日本まで押し寄せ、死者・行方不明者一四二人に上った。さらに、一九六四年オリンピックの年の六月、新潟地震があり、津波が日本海沿岸一帯を襲い、死者二六人を出した。同じように一九六八年五月、十勝沖地震が発生、津波が日本海沿岸一帯を襲い五二人が亡くなった。

一九七二年（昭和四十七年）にはアメリカから沖縄が返還され、同じ年に中国との国交も回復した。また、同年、アジアではじめての冬季オリンピックである札幌オリンピックが開催された。その後、第一次、第二次オイルショックで経済は落ち込んだが、一九八六年頃からバブル景気を迎え好景気が続いた。一方で、農業や漁業は衰退し、地方の過疎化が進み、都市では交通問題や住宅不足が起きた。また大気汚染や水質汚濁など公害問題が深刻化し、社会問題になった。

バブル景気を迎える直前、東京ディズニーランドが開園した一九八三年五月に、日本海中部地震が発生して日本海沿岸を津波が襲い、一〇四人が亡くなった。次の年の一九八四年九月、長野県西部で地震が起こりがけ崩れや土石流で二九人が亡くなった。

二、平成・令和

一九八九年一月に昭和天皇が崩御され、昭和から平成に改元された。そして、世界では、その年の十一月にベルリンの壁が崩壊し、同じく十二月にマルタ会談において東西冷戦の終結宣言がなされ、冷戦は終わった。まさに、この年は、日本においても、世界においても新たな時代の幕開けとなった。

翌年の一九九〇年には東西ドイツが統一し、さらに一九九一年にソビエト連邦が解体したのである。冷戦が終結し、世界平和が到来したと思われたが、中東で湾岸戦争が勃発するなど、冷戦という秩序を失った国際社会は政治、経済、民族などの問題が表面化し、混沌とした時代に入っていった。

国内経済に目を転じると、一九九一年にバブル経済が破綻し、景気は急速に冷え込んでいった。政治においても、四〇年近く続いた自民党単独政権と五十五年体制は終わりを迎え、様々な政党が乱立するようになった。その年の六月に、雲仙普賢岳で大火砕流が発生し、大きな被害がでた。また、一九九三年七月には、北海道南西沖地震が起こり、奥尻島に津波が押し寄せ二〇〇人以上の死者・行方不明者を出した。

一九九四年、自民党、社会党、新党さきがけによる連立政権による村山内閣が誕生したが、その直後の一九九五年一月に阪神淡路大震災が起こり、近畿圏に大きな被害がでたが、特に震源に近い神戸市の被害は甚大で国内のみならず世界中に衝撃を与えた。同じ年の三月に、オウム真理教による地下鉄サリン事件が起こり、平和な大都市における無差別攻撃という凄惨な事件は、国内外に大きなショックを与えた。

ところで、バブル崩壊以降、低成長時代を迎え、リストラがはじまり、終身雇用制度も崩壊しだし、人件費が抑制されて、一九九〇年代後半はデフレが発生した。

一方、一九九八年には長野オリンピックが開催されて、国内が大いに盛り上がったが、二〇〇〇年七月、三宅島で噴火が起こり、全島避難が行われた。そして、世紀が変わった二〇〇一年、アメリカで同時多発テロ事件が起こり、日本人二四人を含む二九七七人が犠牲になった。これを引き金に、テロリズムとの戦いがはじまり、泥沼化した。二〇〇四年十月に新潟県中越地震、二〇〇七年七月に新潟県中越沖地震、二〇〇八年六月に岩手・宮城内陸地震と相次いで地震が起こった。

同じころ、経済界では、二〇〇八年にリーマン・ショックが起こり、世界中が不景気になり、日本も株価が大幅に下落し、その後の経済に悪影響をおよぼした。また、政治の世界でも、政権が自民党から民主党に変わり、社会が混乱している最中に、二〇一一年三月、東日本大震災が発生し、地震と津波で二万人以上が犠牲になるという未曽有の災害が起こった。しかも津波によって福島第一原子力発電所が総電源停止となり原子炉がメルトダウンしたため大規模な放射能汚染が起き、未だに多くの人が被害を被っている。東日本大震災からの復興は、復興庁が設けられ進められているがまだまだ道半ばである。政治経済の面では、二〇一二年に自民党が政権与党に復帰し、アベノミクスによりデフレからの脱却を目指した。

ただ、そのなかでも災害は続き、二〇一六年四月、熊本地震が起こり震度七を二度記録した。二〇一八年は、六月に大阪北部地震、九月に北海道胆振東部地震と地震が相次いだ。また、気候変動の関係で毎年のように豪雨災害が全国各地で頻繁に起こっている。さらに、二〇一九年の後半から、中国を起源とする新型コロナウイルスが全世界に広がり、わが国にも二〇二〇年一月に感染が確認され、未だに世界中で多くの感染者、死者が増え続けており、日本も深刻な状況に陥っている。

第二節　現代の主な災害

一、枕崎台風

　枕崎台風は、太平洋戦争直後の日本を縦断した。一九四五年九月十七日十四時半頃に、鹿児島県南部にある枕崎付近に上陸して、九州を横断して伊予灘、広島、米子、松江を襲い、能登半島の西側から日本海に抜け、新潟に再上陸して太平洋に抜けたのだが甚大な被害をもたらした。

　上陸時の最低気圧は九一六・一ヘクトパスカルであり、室戸台風に次ぐ低い値となった。宮崎県細島の灯台で最大

写真27　枕崎台風
出典：島西部山系砂防事務所HP

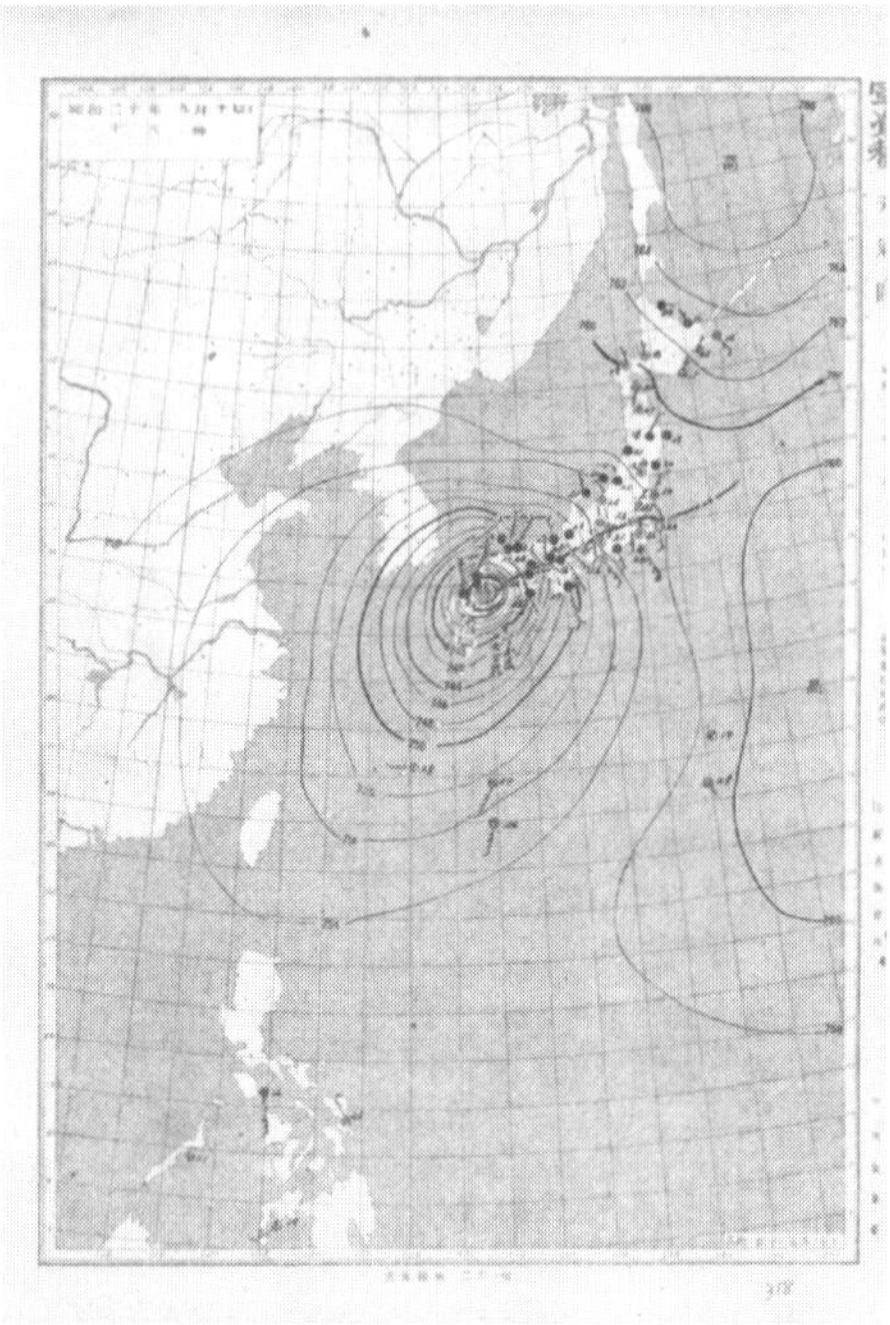

写真28　枕崎台風の天気図　出典：気象庁HP

風速五一・三メートルを観測、期間降水量も九州、中国地方では二〇〇ミリを超えたところがあった。

終戦直後の災害であり、気象情報が少なかったことや防災体制も不十分であったため、各地で河川の氾濫や洪水、土石流の発生などが相次ぎ、大きな被害が発生した。『理科年表』によると死者二四七三人、行方不明者一二八三人、負傷者二四五二人、住家損壊八万九八三九棟、浸水二七万三八八八棟に上った。特に被害が大きかったのは広島県であった。死者が二〇一二人を数えた。

二、昭和南海地震

写真29　昭和南海地震（道路に押し上げられた漁船）　出典：徳島地方気象台HP

昭和南海地震は、一九四六年（昭和二十一年）十二月二十一日午前四時十九分過ぎに潮岬南方沖（南海トラフ沿いの領域）、深さ二四キロメートルを震源としたマグニチュード八・〇の地震である。また、南海トラフ沿いを震源域とする海溝型地震であるため、津波が発生し、静岡県から九州に至る沿岸部に大津波が襲い、高知県・三重県・徳島県の沿岸で四から六メートル に達した。

南海トラフ沿いの大規模な地震は、繰り返して発生しているとされ、前回の南海地震である安政南海地震から九十二年ぶりでの発生となった。また、この地震の二年前、戦時中の一九四四年十二月七日に昭和東南海地震も起きている。その地震後に今村明恒は「五畿七道大地震は概ね百年乃至百五十年の間隔を以って相次いで起つた、特に安政宝永両度の大地震が東海南海の両道に跨つて一氣に發生した如きは注意すべきである。然るに今回の地震は現在では単に東海道方面の活動のみに止まつてゐるが、これが永く此の状態のまゝで經過するであらうか否か大なる注意を要する點であるが、寧ろ最悪の場合を假定して、假令南海道方面の活動を見ても、災害は之を未然に防止し得る方法を講ずることが、賢明な處置と稍すべきである」と地震学会の雑誌『地震』第十六巻の「遠州沖大地震所感」で述べ、南海地震の可能性を指摘しているが、誰もこれに関心を示す者はなかったという。

また、この地震は過去に発生した南海地震と比較して、地震や津波の規模が小さいと考えられており、近い将来起こるであろう南海トラフ巨大地震被害を想定することはできない。

それでも、被害は中部地方から九州にまでおよんだが、特に高知県・徳島県・和歌山県の被害が大きかった。死者が一三六二人、不明者一〇二人、家屋全壊一万一五〇六戸、半壊二万一九七二戸、流失二一〇九戸、焼失二六〇二戸に上った。

写真30　福井地震で被災した大和百貨店
（撮影者：バート・コーエン、1948年）

三、福井地震

福井地震は、一九四八年（昭和二十三年）六月二十八日に、現在の坂井市丸岡町付近を震源として発生した都市直下型地震で、規模の割に被害が大きいことが特徴である。地震の規模はマグニチュード七・一で、福井市では当時の震度階級としては最大の震度六を記録した。

震源地の近くの丸岡町および春江町、森田町では全ての住宅が倒壊し、福井市でも全壊率は八〇パーセントを超えた。福井市では、鉄筋コンクリート造りの大和百貨店が倒壊した。

この地震では、もう一つ特徴がある。それは、地震火災である。地震とほぼ同時に福井市で二四か所、春江町で五か所、丸岡町で四か所、松岡町で四か所、金津町で三か所、森田町で三か所出火し、四〇〇〇戸近くが消失したのである。映画館が火に包まれて数百人が焼死したともいわれる。

死者は、福井県と石川県を合わせて、三七六九人、負傷者は二万二〇〇〇人以上、全壊した家屋はおよそ三万六〇〇〇戸に上った。

写真31　伊勢湾台風で湛水化した名古屋市南区
出典：内閣府HP

四、伊勢湾台風

伊勢湾台風は、一九五九年（昭和三十四年）九月二十六日に紀伊半島の潮岬に上陸し、東海地方を中心にほぼ全国にわたって甚大な被害をもたらした。愛知県・三重県の伊勢湾沿岸での被害が特に大きかったためこの名称が付けられた。死者・行方不明者の数は五〇〇〇人を超え、台風災害としては明治以降の史上最悪の惨事となった。

ところで、この伊勢湾台風が契機となって、一九六一年に「災害対策基本法」が制定された。つまり、伊勢湾台風は、わが国の防災対策の原点となったことでも記憶に残る災害である。

（一）　被害状況

この台風の災害の特色は、人的被害が大きいことである。犠牲者が五〇九八人（死者四六九七人、行方不明者四〇一人）に上り、台風による犠牲者としては明治以降最大である。また、愛知県で三三七八人（死者三〇八三人、行方不明者二九五人）、三重県一二七三人（死者一二一一人、行方不明者六二人）と、伊勢湾岸の二県に九〇パーセント以上が集中した。全壊家屋三万五一二五戸、半壊家屋一〇万五三四七戸、流失家屋四四八六戸におよんだ。

（二）台風のルート

一九五九年、九月二十一日にマリアナ諸島の東海上で発生した台風第十五号（伊勢湾台風）は、中心気圧が一日に九一ヘクトパスカルも下がるなど猛烈に発達し、あまり衰えることなく北上して、二十六日十八時頃和歌山県潮岬の西に上陸した。この台風は速度が速く、上陸後、六時間余りで本州を縦断した。その後、富山市の東から一旦、日本海に出て、北陸、東北地方の日本海沿いを北上し、再び東北地方北部に上陸して太平洋側に出た。

（三）暴風

勢力が強く暴風域も広かったため、伊良湖（愛知県渥美町）で最大風速四五・四メートル、（最大瞬間風速五五・三メートル）を観測した。したがって、暴風による被害が大きく、建物の全半壊、送電線の切断、電柱・鉄塔の倒壊、風倒木が相次ぎ、塩風害も多発した。

（四）高潮

紀伊半島沿岸一帯と伊勢湾沿岸では高潮、強風、河川の氾濫により甚大な被害を受け、特に愛知県では、名古屋市や弥富町、知多半島で激しい暴風雨の下、高潮により短時間のうちに大規模な浸水が起こり、三重県では桑名市などで同様に高潮の被害を受けた。この高潮で多くの犠牲者が出たのである。

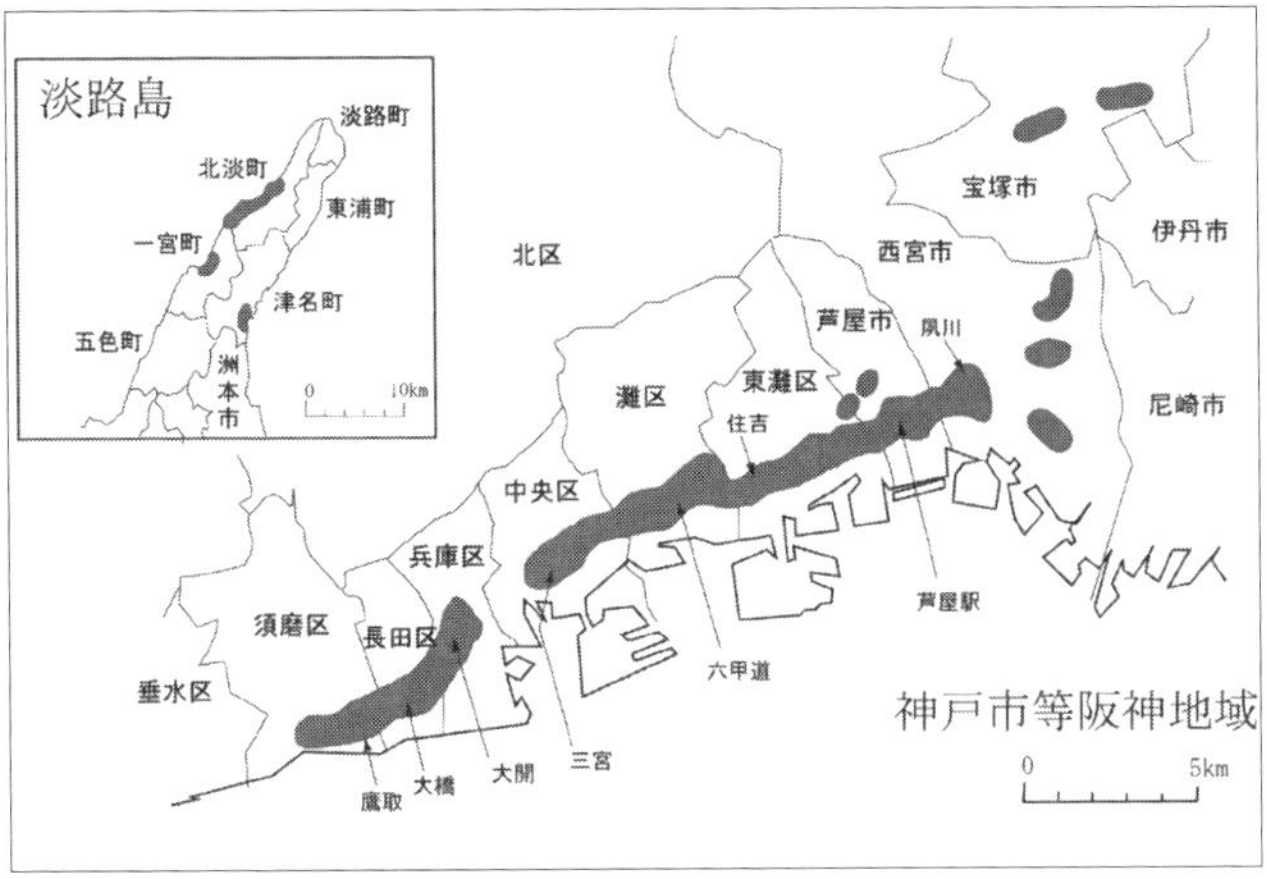

図1　阪神・淡路大震災時の震度7の地域　　気象庁HP

五、阪神・淡路大震災

一九九五年一月十七日五時四十六分、淡路島北部を震源としてマグニチュード七・三の地震が発生した。この地震は内陸で発生した、いわゆる直下型地震である。破壊した断層付近で非常に大きな揺れが生じ、神戸市を中心とした阪神地域および淡路島北部で甚大な被害が出た。特に、激しい揺れが阪神間や淡路島を襲い、神戸市須磨区鷹取、長田区大橋、兵庫区大開、中央区三宮、灘区六甲道、東灘区住吉、芦屋市芦屋駅付近、西宮市夙川付近等のほぼ帯状の地域や、宝塚市の一部及び淡路島の東北部の北淡町、一宮町、津名町の一部の地域で震度七がはじめて適用された。そのほか、神戸市と洲本市で震度六、豊岡、彦根、京都で震度五、大阪、姫路、和歌山などで震度四を観測した。

それでは、被害の状況について、見てみよう。

この地震での被害は甚大で、死者は六四三四人、行方不明三人、負傷者四万三七九二人という、戦後最大の深刻な人的被害となった。

施設関連では、住宅被害が全壊世帯数一〇万四九〇六棟、半壊一四万四二七四棟、一部損壊三九万五〇六棟、合計六三万九六八六棟に達した。学校などの文教施設の被害も一八七五か所におよんだのである。

また、道路の破損等が七二四五か所、橋梁の倒壊などが三三〇か所、河

写真32　阪神・淡路大震災（阪神高速倒壊現場）提供：神戸市

写真33　阪神・淡路大震災（燃えた神戸市兵庫区）提供：神戸市

川の被害が七七四か所、がけ崩れが三四七か所、ブロック塀等の倒壊が二四六八か所にもなった。ライフライン関係では水道の断水が約一三〇万か所、ガス供給停止が約八六万戸、停電が二六〇万戸、電話不通が三〇万回線超におよんだ。

交通関係については、港湾関係で埠頭の沈下等、鉄道関係で山陽新幹線の高架橋等の倒壊・落橋による不通を含むＪＲ西日本や各私鉄等合計一三社において不通が相次いだ。さらに、道路関係で地震発生直後、高速自動車国道、阪神高速道路等の二七路線三六区間について通行止めになるなどの被害が発生した。

街は壊滅したのである。避難人数も三二万人近くに上り、避難所は人で溢れかえり、避難所に入りきれない人々はテントやバラック小屋での生活を余儀なくされるなど、多くの被災者が寒い中での厳しい生活を強いられた。そして、その被害総額は、一〇兆円規模といわれている。

筆者は、震災直後から、学生の安否を確認しようと神戸の街を歩き回っていたが、文明が徹底的に破壊されてしまったという印象が残っている。ビルが倒れ、家屋が崩壊し、高速道路が落ち、線路は曲がりくねり、街は焼け野原になり、街中が煙に包まれて焦げ臭いにおいが立ち込めていた。まさに地獄絵に自分が紛れ込んだような感覚であった。

そして、阪神・淡路大震災は一九九五年七月二十五日、激甚災害法（激甚災害に対処するための特別の財政援助等に関する法律）に基づく激甚災害に指定されたのである。

六、東日本大震災

（一）地震の概要

二〇一一年（平成二十三年）三月十一日十四時四十六分、三陸沖で、海溝型の「東北地方太平洋沖地震」が発生した。

震源の深さは二四キロメートル、地震の規模は、マグニチュード九・〇で日本周辺における観測史上最大の地震であった。宮城県栗原市では震度七を記録した。その他に、震度六強だけでも次の通りである。

震度六強

宮城県：涌谷町、登米市、美里町、大崎市、名取市、蔵王町、川崎町、山元町、仙台市、石巻市、塩竈市、東松島市、大衡村

福島県：白河市、須賀川市、国見町、鏡石町、天栄村、楢葉町、富岡町、大熊町、双葉町、浪江町、新地町

茨城県：日立市、高萩市、笠間市、常陸大宮市、那珂市、筑西市、鉾田市、小美玉市

栃木県：大田原市、宇都宮市、真岡市、市貝町、高根沢町

なお、震度六弱は、岩手県の大船渡市、釜石市等、栃木県那須町等、群馬県桐生市、埼玉県宮代町、千葉県成田市、印西市にまでおよんでいる。

さらに、大津波が発生し、東北地方、特に岩手県、宮城県、福島県の太平洋沿岸部に押しよせた。東日本大震災では津波の高さを図る検潮の範囲をはるかに超える津波が来襲したので、ここでは津波痕も含めて記しておく。津波の高さは最も高かったのは福島県の富岡町で二一・一メートルに達し、その他、岩手県の大船渡市で一六・七メートル、宮城県の女川筋町で一四・八メートルなど一〇メートルを優に超える津波が各地を襲い、青森県や千葉県、茨城県でも八メートル前後の津波が襲った。また、遡上高、つまり津波が陸に駆けあがった際の最大到達高度については、宮城県の女川町の四三・三メートルが最大で、岩手県の宮古市の姉吉地区で四〇・五メートル、同じく田老地区で三七・九メートル、釜石市で三二・四メートルなど、想像をはるかに超える津波が各地の海岸から内陸に向かって遡上したのである。仙台平野等では、海岸線から約五キロまで浸水した。また、津波は川があるとその川を逆流

して内陸まで押し寄せてくる。北上川では、なんと河口から四九キロ上流まで津波が達し、被害も一二キロ付近までおよんだのである。

この津波により、未曾有の壊滅的な被害がもたらされたのである。大津波によって多くの街が、街ごと津波に飲み込まれてしまったのだ。

さらに、大規模な余震が引き続き発生し、これまでに発生した余震は、最大震度六強が二回、最大震度六弱が三回、最大震度五強が一七回、最大震度五弱が五四回、最大震度四が三三八回（令和二年三月一日現在）である。

（二）　被害の状況

この東日本大震災では、死者が一万九七二九人、行方不明者二五五九人、負傷者六二三三人という阪神・淡路大震災の人的被害をはるかに上回る戦後最悪の災害となった。特に、宮城県、岩手県、福島県の被害が甚大で、宮城県で死者が一万五六六人、行方不明者一二一九人であり、岩手県で死者が五一四四人、行方不明者一一一二人、福島県で死者が三九〇四人、行方不明者が二二四人となっている。（令和二年三月現在）この三県だけで、全体の死者数の九九・四パーセント、行方不明者の九九・八パーセントと人的被害のほとんどを占めている。そして、死因の九〇パーセント以上が津波による溺死であった。

また、住家の被害は、全壊が十二万一九九六棟、半壊が二八万二九四一棟であった。

このような状況のなか、多くの人々が家や職場をなくした。全てのライフラインや公共交通機関が停止し、長期間にわたって広範囲の地域が街の機能を失ったのである。

さらに、東日本大震災では津波が福島第一原子力発電所を襲ったのである。福島県大熊町にある東京電力福島第一原子力発電所は、地震から約一時間後に遡上高一五メートルの津波に襲われ、一号機から五号機が全交流電源を

写真34　東日本大震災（大津波が久慈港に来週した瞬間）
出典：岩手県久慈市

写真35　東日本大震災において津波に襲われた南三陸防災センター
筆者撮影

喪失したのである。そのことで原子炉を冷却できなくなり、一号機・二号機・三号機で炉心溶融（メルトダウン）が発生した。さらに、一号機、三号機、四号機が相次いで水素爆発を起こし、原子炉建屋やタービン建屋および周辺施設が大破した。そのため、大量の放射性物質が放出され重大な原子力事故となった。政府は、福島第一原発から半径二〇キロメートル圏内を「警戒区域」、二〇キロメートル以遠の放射線量の高い地域を「計画的避難区域」として避難対象地域に指定したため、ピーク時には約一六万五〇〇〇人の住民が避難した。

写真36　東日本大震災時の福島第一原発事故
出典：東京電力ホールディングス

第三節　自助・共助・公助

一、防災と「自助・共助・公助」

近年、防災で最もよく使われる言葉の一つが「自助・共助・公助」である。つまり、自分や家族の命を守ることを「自助」と言い、地域コミュニティにおいて隣人が互いに助け合うことを「共助」と言い、公的機関による救助、復旧活動を「公助」とし、それぞれが役割を持って機能することが求められているのである。この「自助・共助・公助」が防災において、使われるようになったのは、一九九三年に北海道南西沖地震・津波で大きな被害を出した奥尻島の町長である越森幸夫氏からであろう。越森氏は、一九九四年ごろから講演会で「自助・共助・公助」という言葉を使い、一九九五年版の『奥尻島防災ハンドブック』の冒頭で「家族や親類みなで力を合わせる『自助』、地域の力を借りて頑張る『共助』、そして行政の支援による『公助』―を大切にしながら、復興のための新たなまちづくりへ向けて、確実な歩みを続けております」と記している。

そして、阪神・淡路大震災の後から、「自助・共助・公助」という言葉がよく使われるようになった。その理由は、阪神・淡路大震災の際に生き埋めになった人たちが救出された割合が、自助七、共助二、公助一という結果だったからである。それまでは、多くの市民は災害が起きても公助を頼りにすればよいと思ってきたのだが、そうではなく、少なくとも大規模災害時には自助と共助が人の命を救うカギであるということが明らかになったのである。どういうことかといえば、いくら「公助」が優れていても、大規模な災害直後の公助による被災者救助は限定的にならざるを得ないのである。具体的には、阪神・淡路大震災が起きた時、神戸市（人口一五〇万人程度）では、一五七件もの建物火災が起き、建物の倒壊が約二五万軒、死者が四五七一人（神戸市内）という大惨事になったが、それに対応する消防の規模は消防職員一四〇〇人弱で、しかも実際に消火に当たる人数は三〇〇人弱であった。この人数では大規模災害時には被災者すべてをカバーすることは、到底できないのである。また、激しい揺れによって、長田消防署、葺合消防署、生田消防署、兵庫消防署など多くの消防署が被害を受けた。そして、消防職員が被災したり、消防署から現場に駆けつける道路が壊れていたり、崩壊した住宅が道路を塞いでいる場合も多くあった。さらに、火災現場では消火しようにも水が出ない状況が多々あったのである。したがって、少なくとも発災直後の人命救助は、そのほとんどが本人かその家族にならざるを得ない。それに生き埋めや倒壊した家屋の下敷きなどの場合、一秒でも早く助け出すことが求められる。それを実現できるのは当事者かすぐ横にいる家族（自助）ということに必然的になるのだ。また、それがかなわない場合、その近くにいるのが隣人（共助）たちである。

この現実を再確認させられたのが、東日本大震災である。東日本大震災の時も、阪神・淡路大震災の時と同じように、地震や津波から被災者の命を救ったのは「自助」が圧倒的多く、次に「共助」、最後に「公助」という順番であったため、より一層「自助・共助・公助」が使われるようになり、今や市民権を得たといっても過言ではない。

それでは、自助、共助、公助について、それぞれもう少し詳しく見ていこう。

二、自助

自助とは、今述べたように自分の命や家族の命を守ることであり、大規模災害では最大の命を救う方法である。つまり、自助のレベルをアップさせることが、大規模災害時の犠牲者を少なくするための最も有効な手段なのである。そして、レベルアップするためには、日ごろの準備が求められる。

自助で最も大切なことは、家族全員が災害を想定して、如何に自分たちの命を守り、その後の被災生活を乗り切るかということをイメージし、シミュレーションができるかどうかということである。

具体的な備えは、イメージとシミュレーションに基づいて実施していくことが大切なのだ。そうすることで、災害が起きた時に強い意志をもって冷静に的確に行動することができる。

三、共助

大規模災害時の共助を実現させるためには、地域コミュニティが形成されていることが必要である。つまり、隣近所がお互いの顔を知っていることが大切なのである。そのことが災害時の助け合いにつながるのだ。つまり、いざという時頼れるのは隣人、特に大規模災害の場合は、被災者同士助けあうという構図が生まれる。災害直後、被災した人の命を助けるのは、その際に近くに居合わせた人である。阪神・淡路大震災時、家屋の倒壊などによる自力脱出困難者約二万七〇〇〇人を助けたのは近隣住民で、生存率は八割を超えていたといわれる。

この共助を組織的に強化し、いわゆる地域防災力を充実、向上させるために、自主防災組織がある。また、これに類するものとして、「婦人（女性）防火クラブ」、「幼年消防クラブ」や「少年消防クラブ」が設置され、全国で様々な活動を行っている。

四、公助

公助と一言でいっても、大きく分けて三つある。まず、国と都道府県と市町村であり、それぞれの役割が違う。直接的な被災者救助ということに限定すれば、市町村で中心的な役割を果たすのが消防であり、都道府県レベルでは警察、国レベルでは自衛隊や海上保安庁ということになる。それぞれが、高度な専門的知識や技術、組織力、迅速力を持っている。公助は、限定的にならざるを得ない面が多くあるが、専門性の高い救助力を持っており、自助や共助ではどうしようもない状況にある被災者を救う可能性を持っている。それだけに、その能力を如何に組織的に、迅速に機能させるかが大きな課題といえる。

五、自助・共助・公助の思想的背景

近年使われるようになった「自助・共助・公助」という言葉は、一九九二年、EUと加盟国との間で締結されたマーストリヒト条約のなかで掲げられた「補完性の原理」から来ていると考えられる。補完性の原理とは、「第一に、あらゆる意思決定は、できる限り個人、個々の市民に近いところで行われるべきである、つまり下位にある社会単位ほど優先されるべきである。第二に、上位にある社会単位は、下位の社会単位がある機能を行使する能力に欠ける場合、下位の社会単位『補助』、『補完』する立場に立つ。この場合、この『補助』『補完』する機能は、上位の社会単位の、下位の社会単位に対する義務として位置付けられる。第三に、上位の社会単位が下位の社会単位を『補助』する場合であっても、足らざる部分を『補助』ないし『補完』する限度にとどめるべきである。」という考え方である。

しかし、ここで問題なのは、災害時に「補完性の原理」に基づいた自助・共助・公助の考え方が本当に有効なのかということである。下位の社会単位のたらざる部分を上位の社会単位が補完するという思想は、基本的に平常時には有効であろうが、非常時には必ずしも通用しないと思われる。なぜならば、非常時は一刻も早く人命を助けなければならない。このような緊急を要する場面では自助で足らない部分を共助が、共助でできないところを公助がという理屈では助けられる命を失う可能性が高い。また、平常時からそのことを想定して自助・共助・公助のシステムを構築していても、その通りにならないのが災害である。結論からいえば、相互補完的な関係でなければならないのだ。つまり、公助の補完として共助があり、共助の補完として自助があると同時に、自助の補完としての共助であり、共助の補完としての公助なのである。さらに、公助の補完としての自助、自助の補完としての公助もあり得るのだ。このような相補完的な関係が機能することで被害を最小限に抑えることができるのである。そのことを前提として、災害時を想定し、全ての立場で最善をつくして一人でも多くの人命を守るためには、この自助・共助・公助の三つが如何に効率よく機能するかが重要なのである。

もう少し詳しくいえば、多くの場合、災害直後は自助が中心となる。まずは、自分の身と家族の身を守る、あるいは自分の身と周りにいる人、たとえば教師であればそれは生徒であり、会社員であれば同僚であるかもしれない。とりあえず、私と私のすぐ近くにいる人を守ることになる。（自助）その次に、地域や周りの人たちを救い出す。（共助）そして、消防などが駆けつけて救助を行う。（公助）その後も人命救助は一刻をあらそうため、消防や警察とともに市民も可能な限り救助活動を続ける。（公助と共助）

災害後、避難所での生活が始まれば、当面は被災者同士で助け合いながら生きていくことが大切であり（共助）、次第に地方自治体や国からの支援が充実してくる。（公助）さらには、被災地外からのボランティアがサポートしてくれる。（共助）ということになる。つまり、局面によってあるいは時間の経過にそって、それぞれの役割の比重が変わるのである。

一方、災害前の備えということで考えれば、それぞれの家庭で耐震対策や備蓄などの備えを怠らない（自助）、それと同時に地域コミュニティでの防災訓練や備蓄にも地域全体でとりくみ（共助）、行政も災害時対応の施策を積極的に進めつつ（公助）、三つが有機的につながるようなシステムを構築していかなければならないのだ。

このように、防災における「自助」「共助」「公助」は、必ずしも補完し合うというだけでなく、それぞれが役割分担しつつも相互補完的に最善の活動を行わなければいけないのである。このことは、私が独自に考えたわけでなく、わが国の災害現場で実際に行われている「自助・共助・公助」のあり様を分析したのであり、わが国の災害時の思想は、基本的には有効に機能しているとみてよいであろう。

第四節　ボランティア元年

一、ボランティア元年と阪神・淡路大震災

一九九五年、阪神・淡路大震災が起きた年である。この年を「ボランティア元年」と呼ぶ。もちろん、一九九五

年から日本においてボランティア活動が始まったということではない。昔から町内会や自治会、婦人会などの相互扶助のシステムがあったし、ボランティアという言葉で社会貢献活動が行われるようになったのは戦後であるが、一九七〇年代頃には、障害者運動などに伴って、ボランティア活動が広がり始め、当時、地域にボランティアセンターなどが設立され始めたりもした。災害ボランティアとしては、一九二三年の関東大震災の際も、全国から駆けつけた青年団や東京帝国大学の学生たちがボランティアとして活躍した。また、遠く兵庫県にある関西学院大学では「関西学院大学東部共済団」を結成し、東京に救援隊を送ったのである。戦後では、一九五九年の伊勢湾台風において東海地方の大学生や高校生を中心に救援活動が行われ、一九九〇年の普賢岳大噴火の際にもボランティアが多く参加した。

しかし、阪神・淡路大震災という大惨事に、震災直後から圧倒的な数のボランティアが全国から駆けつけたのである。ボランティアという言葉が市民権を得てきた時期でもあり、その規模と重要性から、「ボランティア元年」と呼ぶようになったのである。

震災直後の初めの一か月間は一日平均二万人、一年間で約一三八万人という多くの人々が被災者のために救助活動や生活支援活動、さらには復旧支援活動を行った。彼らボランティアのうち約六割が県外からであり、七割近くがボランティア経験のない人であった。その中でも若者の参加が多く、ボランティア全体のうち二十歳未満が二三パーセント、二十歳代が五〇パーセントを占め、高校生や学生が六割近くに上った。

彼らの支援活動は、救援物資の提供、瓦礫の処理、炊き出し、避難所の運営、救援物資の搬出・搬入・管理、仮設住宅での生活支援、清掃活動、心のケア、引っ越しの手伝い、夏祭りやコンサートなどの各種イベントの開催など多岐にわたった。そして、これらの活動は、多くの被災者の生活をサポートするとともに、心の支えにもなったのである。

しかし、その活動の多くは組織化されておらず、各ボランティアが思い思いに被災地に入り活動したため、必ずしも被災地のニーズに答えたものではなかった。こちらの地区では溢れるほどボランティアが居るのに、あちらの地区ではほとんどボランティアが居ないというような状況が多々見られた。また、ボランティアの知識も技術も経験もない人々がいきなり、専門性が必要な災害ボランティアに参加したため、その活動がかえって被災者に迷惑になったり、負担になったりすることもあった。ただ、阪神・淡路大震災という大災害の場でのこれらの経験を通じて、支援する人、支援される人、その事実を知った人が、それぞれの立場で「ボランティア」という言葉の意味を考え、その重要性を知ったのである。また、ボランティア活動を通じてさまざまな問題点や課題にぶつかり、思い悩みながらも解決していく過程でボランティア活動の日本的あり方を見い出していったのである。このような過程を踏むことで、ボランティア、特に災害ボランティアがわが国にある程度定着したといえるのだ。これを契機に、わが国にボランティアという言葉も活動も急速に広まり、多くの人々がボランティアに関わり、その後もボランティア活動を行う潮流が日本に広がったのである。

それまで、わが国では「ボランティア」をしているというと、偽善者だとか、変わり者というレッテルを貼られるとか、思想的に偏った人物だと見られることがあった。しかし阪神・淡路大震災では、ボランティア活動が特別な行為ではなく、人間の当然の行為の一つであるということを明確化したのであり、ボランティアのイメージが一新された。これらの出来事から、わが国では多くのボランティア団体が生まれ、コーディネーターなどの資格も確立し、ボランティア保険なども整備されるようになった。

これ以降、災害ボランティアは、全国に広がり、また組織化もされてきたのである。そして、一九九七年のナホトカ号重油流出事故、二〇〇四年の新潟県中越地震など、多くのボランティアが被災地に駆け付けるようになった。

二、東日本大震災と災害ボランティア

東日本大震災においても、多くのボランティアが全国から集まった。その数は、一年間で約一〇〇万人にのぼった。しかし、東日本大震災におけるボランティアは、当初、困難を極めた。震災の直後は、東北自動車道をはじめ多くの道路が通行不可能であったり、ガソリン不足であったり、宿泊施設が不足していたりして、なかなかボランティアが被災地へ赴くことができなかったのである。そのうえ、福島第一原子力発電所の事故によって、放射能汚染の問題も大きな影を落とし、被災地へ向かう道路の閉鎖や放射能汚染による人体の影響への懸念などクリアしなければならないことが多くあった。一方、ボランティアを受け入れる災害ボランティアセンターの設置そのものが岩手県、宮城県、福島県では被害が甚大なため遅れたのである。実際に、ボランティアの受け入れ態勢が整ったのは四月以降であった。特にゴールデンウィークの五月三日には、三県で一日に約一万二〇〇〇人のボランティアが活動するに至った。ボランティアたちは、主にボランティアバスに乗って被災地に入り活動した。

阪神・淡路大震災において、大学生によるボランティア活動が活発に行われ、その有効性が証明されたこともあり、東日本大震災においても、大学生によるボランティアに期待が寄せられた。そして、多くの若者が被災地に入り、活動した。しかし、一部の大学を除いて多くの大学が学生のボランティア活動をサポートする施策も何も行わなかった。その理由は、ボランティアは本来、自発的に行うものであるという立場、あるいは危険地域に大学として学生を派遣することに躊躇するという立場がその理由であった。しかし、人道的見地に立てば災害ボランティアは当たり前であるし、大学の社会貢献的責任、また学生の教育的効果を考えると、安全性を確保すれば災害ボランティア

として学生を派遣することの意味は大きい。わが国の高等教育機関に突き付けられた課題といえよう。

三、民主主義社会におけるボランティア

わが国では、ボランティア活動は根付かないとよくいわれるが、その一つの理由が、「市民意識の薄さ」「公共性の欠如」にあるといわれる。つまり、市民としての意識、公共の意識は、いまだに低いといわざるを得ないのである。市民の本来の意味は、公共性の形成に自律的・自発的に参加するということであり、市民が自分自身のこと以外に自発的に関わり活動するということである。それこそが市民による社会貢献活動であり、ボランティア活動なのである。成熟した市民社会を形成するためにも公共性を意識したボランティア活動の普及、定着が求められる。

一方、行政という側面から見てみると、わが国ではすでに行政サービスの限界が見え始めており、これからの社会は行政が公益事業の全てをカバーできなくなる。つまり、政府が小さくなると、行政により実現する公益事業は少なくなる。特に、少子高齢化が深刻化している現在、高齢者介護も行政サービスだけではまかないきれなくなっている。これを補うのがまさに市民によるボランティアである。補うというより、より積極的に市民がボランティア活動を通じて公共に関わっていくことが、地域コミュニティの形成やそれに根ざした国際交流、協力活動の盛んな社会を作っていくことになる。行政では手が届かない、人と人のつながりや多様なネットワークの形成、顔が向き合ったきめ細やかなケアなどの積み重ねが、現在忘れ去られようとしている地域コミュニティの再構築につながるからである。特に公共性の高いボランティアの必要性は、大規模災害時に大きな役割を果たすということについて、私たちは阪神・淡路大震災や東日本大震災で学んできた。大規模災害時、行政ではどうしようもできない被災者救助や被災者支援活動は私たち市民が主体的かつ迅速に対応しなければならないということを痛感したのだ。

良き市民とは、一人ひとりが社会を、国を形成し、運営しているという自覚のもと、自分のためと他者のため、私人と公人、という二面性をバランスよく、主体的に行使していくことのできる人間である。災害は突発的に発生するため行政が対応しきれない。特に大規模災害の場合の対応は、私たち市民がお互い助け合わなければ乗り越えることができないのである。この意識に基づいた活動が、まさに災害ボランティアなのである。今の日本の市民は、阪神・淡路大震災や東日本大震災を経験するなかで、このことを自覚しはじめている。

第五節　災害とCSR

戦後最大の未曽有の災害である東日本大震災では、阪神・淡路大震災の時のように発生直後から、全国各地から多くの国民が、ボランティアに駆けつけ、被災者のために献身的に活動をした。そのなかで、特に注目すべきことは、企業による支援活動やボランティア活動が非常に活発に行われたことである。全国の企業から支援物資や義捐金、支援金が送られるとともに、多くの社員が被災地に駆けつけて救援活動や復旧活動に携わったのである。このような現象は、阪神・淡路大震災の時にはあまり見られないことであった。

東日本大震災における企業の活発な社会貢献活動は、わが国における「企業の社会貢献元年」と名付けてもよいであろう。

一、活動内容

東日本大震災では、多くの企業・団体が多額の支援金を集め、被災地に届けた。その額は、二〇一一年九月までの約半年の間に約一〇一一億円にのぼり、企業・団体が社員や消費者・顧客等に寄付を呼びかけて集めた支援額約二一三億円を加えると支援額は約一二二四億円におよぶ。多くの企業・団体が、被災者・被災地支援に取り組んだのだ。また、人材や技術など、各企業が本業を活かして現地ニーズにそった支援を模索しつつ様々な活動を展開するなど、本業を活かした多様な支援活動も展開された。

さらに、特筆すべきは、その対応の迅速さと長期にわたる支援のコミットメントである。約二三二億円が震災が起きた三月末までに企業から支出され、現物寄付も六六四件が実施されたのだ。また、刻々と変化する被災地のニーズに多くの企業が、できる限り対応した。このような企業の対応は、今までのわが国の企業の災害時の対応と比べれば極めて異例のことで、その迅速的な対応には目を見張るものがある。

（一）発生・緊急救援期

震災発生直後から四月にかけて、被災地にある企業は最大限の人命救助や被災者支援活動を実施した。たとえばイオングループのように店舗を避難所として提供した企業も多くあった。関東地方でも大きな被害が出たが、東京ディズニーランドでは、災害直後から施設を客に避難所として提供した。また、緊急支援として、トヨタのように発生後すぐに緊急支援チームを被災地に送りこむ企業もあり、電気・ガス・通信などのインフラや商業施設等の復旧・再開に向けて全力で活動した。その一方、義捐金・支援金を被災地に寄付し、避難所に飲料水や食料品、毛布や日用品などの救援物資を提供した。

（二）避難援助期

五月以降は、多くの企業が社員を被災地にボランティアとして派遣して、泥かきや草刈り、炊き出し等を行った。また、仮設住宅への移転に際して、必要となる日用品や家電品、ＩＴ関連サービス等を提供し、さらに子どもの教育支援や心のケアを実施するとともに、様々なイベントを企画して被災者を勇気づけた。

（三）復旧期

秋以降は、多くの被災者が仮設住宅に入居したが、隣近所のコミュニティもない状態であった。そこで仮設住宅における新たなコミュニティ形成の手助けをした。一方、農業や漁業、水産加工業などの地場産業の復旧・復興に関する支援などを行う企業もあった。

このような支援活動において、特筆すべきことは社員のボランティアが多数現地入りして活躍したことである。多くの企業が社員等に対して被災者・被災地支援活動への参加を促し、企業人の参加延べ人数は二〇一一年九月末までで約一八万人に上った。さらに、企業独自のボランティアプログラムを企画して実施、あるいは国・地方自治体やＮＰＯなどと連携、協働して支援活動に参加した企業や企業人が多くあった。

それでは、なぜ企業がこのように社会貢献をするのだろうか。

二、ＣＳＲ

ＣＳＲとは、Corporate Social Responsibility の略であり、わが国では一般的に「企業の社会的責任」と訳される。このＣＳＲの考え方は、「企業が活動の基盤とする社会との関わりにおいて負う責任である。」というものである。つまり、企業は自社、あるいは株主や投資家のために儲けるというのが目的というだけではなく、企業もまた社会を構成する一部として存在しているので必然的に社会に対して果たすべき責任があるということである。

具体的には、「コーポレートガバナンス（企業統治）」、「コンプライアンス（法令遵守）」、「ディスクロージャー（情報開示）」、「環境問題への取り組み」、「社会貢献的活動」などが一般に企業が社会に対して果たすべき「責任」と捉えられる。つまり、企業は、自社の営利の追求だけではなく、社会の中に組み込まれた組織として確立し、法律を守り、透明性を保ち、環境を保全し、社会のためにも貢献する存在でなければならない、ということである。

それでは、このような考え方はどのようにして生まれたのだろうか。そもそも、ＣＳＲが注目をあびるようになってきたのには、ＥＵの動きがある。ＥＵは「持続可能な開発への企業の貢献」を欧州戦略として打ち出しているのだ。つまり、ＥＵは、「持続可能な開発」という目的を達成するための手段として企業に対してＣＳＲを求めているのである。ＥＵがＣＳＲに注目するようになった理由は、地球環境の問題とグローバリゼーションによる社会秩序の不安定化である。

まず、地球環境の問題としては、その中核をなすものは地球温暖化である。現在、温室ガスの排出による地球温暖化やそれに付随して起こる異常気象、干ばつ、大洪水などの災害が危惧されている。工場や自動車から排出される二酸化炭素などにより地球の温度が上がり、私たち人間の生活や命を脅かすことになりかねないのである。次に、グローバリゼーションであるが、東西冷戦が集結し、インターネットが普及したことによって地球規模に拡大した経済や貿易システムは私たちに便利な暮らしを実現させてくれたが、一方でローカルでの労働権や国家主権、あるいは開発途上国、伝統文化などに様々な悪影響をおよぼすという負の側面がある。そして、この地球環境問題とグローバリゼーションのいずれにも、企業が大きく関わっているのである。なぜならば、世界企業といわれるような大企業が続々と出現したからである。つまり、企業が国境を超えて巨大化したために、企業は単に自社の営利という枠を超えて、世界のあり方に対して大きな影響力、時には権力を持つようになったのである。今や世界企業といわれる会社は、それなりの国の国家予算よりも多くのお金を動かしている。その結果、国家のコントロールも効かなくなっているという現実がある。つまり、私たちがより安全で安定した世界を築くためには、企業のあり方が今まで以上に重要になってきているといえるのだ。したがって、企業は、自社の営利だけを追求するのではなく、社会が持続的に発展していくために、どのような貢献をするか、ということを自ら考え実行していかなければならないのである。これがＣＳＲであり、持続可能な社会の実現を企業が担うことで、社会の信頼を得、企業の持続的な発展もかなうということになるのだ。

このように考えると企業におけるステークホルダー（利害関係者）は、今までのように株主や投資家だけではなく、顧客や従業員、地域住民、社会、政府など、企業が存続するために支持を得ることが必要となる全ての人々や組織を対象としなければならないのである。なぜならば、社会に責任を果たし、持続可能な企業を実現させようとすれば、社会全体が利害関係者ということになるからである。したがって、それら全てのステークホルダーから信頼を得なければ、ＣＳＲを果たしたことにはならないのであって、企業の存続も危うくなるのである。

三、わが国の企業における社会貢献

わが国におけるＣＳＲに対する取り組みは、ヨーロッパやアメリカに比べても早く、一九七〇年代から企業の社会的責任という言葉が使用されていた。しかし、先に述べたＣＳＲの内容とは違い、寄付やフィランソロピー、メセナなどのいわゆる社会貢献が中心であった。そのような経緯もあって、わが国の企業のＣＳＲの内容のうち、社会貢献は大きな位置を占めている。

企業の社会貢献活動は、持続可能な企業を実現するうえでＣＳＲ活動のなかでも最も重要な活動といえる。なぜならば、「経済的責任」、「法的責任」、「倫理的責任」は、いわば企業としてあたりまえのことであり、より積極的に社会に対して働きかける活動が「社会貢献的責任」ということなのだ。全てのステークホルダーに対して社会貢献活動を展開することが、中長期的に捉えると企業イメージをあげることになる。ひいては、社会とＷｉｎ—Ｗｉｎの関係を築くことで、自社が順調な時も、困難に陥った際もステークホルダーが支えてくれるという関係が確立し、持続可能な企業として展開するのである。全ての企業が、災害という非常事態において社会に果たせる役割とは何か、ということを自覚的に捉え、日ごろから備えておくことが望まれる。

第六節　災害と「こころのケア」という思想

大規模災害が起こると、多くの被害を受ける。特に、被災者は、身体的、精神的、社会的に大きなダメージを受ける。災害は突然やってくる。特に、地震やそれに伴う津波は他の災害以上に突然やってくる。そして、大きな被害を被災地および被災者におよぼすのである。被災した人たちは、被災する寸前までは平和な日常生活を暮らしてきた。それが、ある日突然、命を脅かされ、家族をはじめ多くの愛する人を亡くしてしまう、あるいは自分自身が大けがをしたり、家が無くなったりする場合もある。このような体験をした被災者の心身は大きな打撃を受けるのである。

しかし、災害時の心のダメージに関しては、現代になるまで、あまり問題視されなかった。というより、日本人は、災害で落ち込んだり、恐怖心がいつまでも残ったりすることは恥ずかしいこと、あるいは人には見せるべきではないという倫理観がある。また、そのような状態になった場合は、身内で対応したり隠したりもしてきた。また、伝統的に民間のなかで、個別に宗教者によるケアが行われてきた。一方、医学の世界でもあまり注目されず、精神医療においても、災害時に多くの人が心理的な問題を抱えることについてはほとんど注目せずに、あるいは治療の対象にはならないということで放置されていたといってもよい。

わが国において、災害時の心の問題が、医学や心理学で取り上げられるようになったのは近年になってのことである。

一、災害時のこころの問題

こころのケアの活動を見る前に、災害時にはどのような心のダメージを受けるのだろうか。簡単に述べておこう。大規模な災害が起こると多くの被災者が心にダメージを受け、次のような症状が出る。

① 正常ストレス反応　気分の落ち込み、無気力、罪悪感、集中力や判断力の低下、頭痛、食欲不振やめまい、だるさなどの症状がでたり、トラブルや引きこもりといった行動を取ったりするのは多くの人が経験する一時的な正常なストレス反応であり、二、三日の間に自然に回復する場合が多い。

② 急性ストレス反応・急性ストレス障害（ＬＳＤ）・心的外傷後ストレス障害（ＰＴＳＤ）　大規模災害において悲惨な現場の体験、自分自身の命の危険などの強い精神的な衝撃を受けてしまうとそれがトラウマ反応、つまり、心の傷となり精神的な症状を引き起こす場合がある。突然災害時の記憶がよみがえったり、（フラッシュバック）、被災した時の状況を避けてしまったり感情や感覚が麻痺し現実感がなくなってしまったり（回避・麻痺）、いつもイライラし不眠が続く（過覚醒）という症状が出る。これらの症状が著しく見られるが二、三日で消失すれば急性ストレス反応である。その期間を超え一か月以内の間持続する場合は急性ストレス障害（ＡＳＤ）と呼ぶ。さらに、このような症状が一か月以上続くと、心的外傷後ストレス障害（ＰＴＳＤ）といわれ、早期に専門医に診てもらう必要がある。

③ 悲嘆反応　悲嘆とは、失ったものに対する悲哀の感情や苦悩、あるいは怒りなどの情緒反応である。重大

な喪失体験は、人々に悲嘆をもたらす。たとえば、家族や恋人などの近親者の死や離別、家や財産の喪失、地域社会の崩壊、自尊心の喪失、身体的喪失、安全・安心の喪失などである。特に、阪神・淡路大震災や東日本大震災では、多くの人々がこれらの喪失体験を同時に複数体験することによって、想像を絶する悲嘆を持つのである。悲嘆は、心理的、身体的、社会的反応であり、その人の人生や対人関係に強い影響を与える。

④ 二次的心理社会的ストレス　被災後は、家族が亡くなり、家を失い、避難所に避難し、プライバシーを奪われ、住み慣れた地域から離れ仮設住宅へと転居する、といった喪失体験が続く。さらに、失業やレクリエーションの減少、地域コミュニティの崩壊、伝統文化の破壊などが被災者の心を苛んでいく。さらに、孤児となった子どもたちのストレスは計り知れない。このような二次的な心理社会的ストレスが被災者を打ちのめしていくのである。東日本大震災では、震災孤児および遺児の人数が約千八百人に上った。

二、日本赤十字社の「こころのケア」の歴史と思想

わが国の災害時における組織的な医療活動の嚆矢は、日本赤十字社である。そして、災害時のこころのケアに組織的に取り組んだのも日本赤十字社である。したがって、ここでは日本赤十字社のこころのケアに関する歴史をみておく。

日本赤十字社では、一九八〇年代から、災害時のこころの問題をとりあげるようになり、さらに昭和六十年の御巣鷹山における日航機墜落事故の際に日本赤十字社の救護員が遺体処理を行う際に心にダメージを受けたことで、援助者の心の問題についても認識するようになった。そして、阪神・淡路大震災を契機にこころのケアに関する大規模な調査を行い災害時のこころのケアの重要性を改めて認識するに至った。そして、神戸赤十字病院に被災者対

応のための診療内科が新設されたのだ。その後、海外の先進的取組を参考にして体制を整備し、二〇〇三年から災害救護活動の柱の一つとしてこころのケアを位置づけして活動が行われるようになった。

日本赤十字社のこころのケアはＩＡＳＣ（Inter Agency Standing Committee）の「災害・紛争等緊急時における精神保健・心理社会的支援に関するＩＡＳＣガイドライン」に基づいている。このガイドラインには、非常事態におけるこころのケアとしてメンタルヘルス（精神科医療）と心理社会的支援が併記されているが、日本赤十字社は心理社会的支援の考え方に基づいて、保健師や「こころのケア要員」を中心に活動している。つまり、治療を目的とするのではなく、被災者の悩みを聞き、ストレスやその対処法について話すことにより安心感を築きながら、専門家の介入が必要とされる場合には責任をもって精神科医師に引き継ぎ、これらの活動を通じて、地域の保健師の活動を支援することを目的としているのである。

三、東日本大震災でのこころのケア活動

わが国の災害時のこころのケアの支援活動が、本格的、大々的に行われたのは東日本大震災の時である。その活動について見てみよう。

（一）日本赤十字社

二〇一一年三月から九月までの半年間に一〇一六人が「こころのケア要員」として活動した。活動の延べ人数は、四〇五八人に上り、特に岩手県、宮城県で多く活動した。また、日本赤十字社では救護班のメンタルヘルスの調査も行い、現状の把握にも努めた。

（二）厚生労働省が派遣した「心のケアチーム」

東日本大震災では、岩手県、宮城県、福島県および仙台市から厚生労働省に災害対策基本法に基づく「こころのケアチーム」の派遣斡旋の要請が行われ、厚生労働省が精神科医を中心としたメンバーで構成される精神科医療および精神保健活動の支援を行う専門的なチームを編成して派遣した。二〇一二年三月までに五七チーム、延べ三四九八人が被災地にて活動した。その後、厚生労働省はその実績をもとに専門的な精神医療チームであるＤＰＡＴを組織し二〇一四年に広島県で発生した大規模土砂災害を皮切りに大規模災害時にチームを派遣しこころのケア活動にあたった。

四、思想としての災害時の心のケア

このような災害時の心理的問題に対して、問題視して取り上げるようになったのは現代になってからであるが、今や、心のケアという言葉は、よく聞く言葉となり、災害や残虐な事件が起こった後には、すぐに心のケアが取りざたされるようになった。林春男氏は、「災害による人々の苦しみの極小化を目指す被害軽減策において、被災地のこころのケアは被害軽減策の根幹である。」と述べ、災害時の被害軽減策としてのこころのケアを重視している。

現代になって、私たちはようやく災害時のこころのダメージについて、社会の問題として捉え、災害時には全ての人間が陥る可能性があるということを多くの市民が認識し、あるいは少なくともその必要性を認めるようになった。そして、社会全体として取り組み、支えていかなければならないということを踏まえて、公的な活動としてもシステム化して対応するようになってきたのである。このことは、言い換えれば、「災害時の心のケア」という思想がわが国において醸成しつつあるということができるのである。

第七節　被災者の倫理

阪神・淡路大震災では神戸市や西宮市などの都市では家屋やビルが倒壊し、地域によっては焼け野原と化していて、まさに文明が破壊されたかのようであった。また、東日本大震災では、津波によってすべてが流され、住宅街にも関わらず家の土台しか残っていない、まさに文明が消失してしまったかのように荒涼とした景色が広がっていた。このような状況のなかで、多くの人が亡くなり、何十万人という人が被災して家を失い避難生活を余儀なくされた。そのようななかで被災直後の日本人の行動は、世界中から称賛され、感動の言葉が寄せられたのである。

一、世界から見た災害時の日本人の対応

ここでは、海外の東日本大震災関連報道を見てみよう。

二〇一一年三月十五日付でＡＦＰは、「悲劇の中、日本に集まる世界の称賛」と題して、

大震災と巨大津波による二重の惨劇から立ち直るとき、日本の国際的な評価はいっそう高まるに違いない。日本という国の芯の強さに世界の称賛が向けられている。世界中のテレビには、がれきとなった家屋や車をあたかもおもちゃのように津波が押し流し、変わり果てた荒地に放心状態でさまよう被災者の姿が映し出されている。しかし、映像はもう一つの側面も世界に伝えた。消息を絶った家族を探しながら、生活必需品が届くのを待ちながら、冷静さを失っていない日本人の姿だ。そこには略奪や暴動の素振りもない。半分空になった店の前でさえもきちんと並ぶ住民の姿に、英語圏のインターネット・コミュニティは、日本人は「冷静だ」と目を見張り、欧米諸国で同規模の地震が起きた場合にこうできるものだろうかという驚きが書き込まれて

いる。

と述べている。

また、CNNも三月十二日付で、「震災下でも『文化に根ざす規律』と題し、東京滞在の米学者の話として、『略奪行為も、食料を奪い合う住民の姿もみられない。震災下の日本で守られる規律は、地域社会への責任を何より重んじる文化のたまものか――』。東京に滞在している米コロンビア大学の日本研究者は、大地震への日本人の対応をこう評価した。」と称賛している。

さらに、フランスのテレビ局であるフランス２のメインニュース"Journal de 20 heures"の三月十五日（日本時間）の放送のなかで、東日本大震災が報道された。その概要は次のとおりである。

今、世界中の人々が驚いているのが、日本人の冷静さである。この災害を前にパニックも起きなければ、略奪も発生していません。それはどうしてなのでしょうか。フランス人の日本研究者は、『日本人は悲観的でない運命論者なのです。運命に身をゆだねるのです。たとえば終戦の時の天皇陛下の耐え難きを耐えという言葉にもそれは表れています。』災害が如何に大きなものでも日本人の受け答えは実に立派なものです。それはおそらく自然の力を崇拝する神道の教えるところの大義なのでしょう。『日本では人間は自然の一部なのです。西洋では人間は自然の主人であるとされますが、日本では人間は自然に仕え、自然に一時身を置かせてもらっている存在なのです。』日本人は苦しみを外に表さず、見せるとしても極めて控えめです。泣き崩れたりはしないのです。『彼らは自分の苦しみを外には出しません。日本では苦しみに苦しみを重ねても仕方がないという考えがあるのです。苦しみを重ねても何の役にも立たない。だったら、涙を拭いて死者を弔い、再出発するしかない、ということです。』第二次大戦後と同じように日本は復興の力を取り戻すしかないのです。」

（『　』内は研究者の話）

多くの場合、海外では開発途上国、先進国を問わずに大規模災害後には暴動や略奪が大量に発生し、警察や軍隊が銃器をもって出動するというのが当たり前で、治安維持のために戒厳令がだされることもある。それに比して、日本では、パニックにもならなければ、暴動も略奪も起こらない。それどころか被災者たちは水や食料の配給を、何時間も列を作り並んで待っている。順番を抜かそうとする人は誰もいない。たとえ並んでいる途中で配給品が無くなってもパニックにならないで帰っていく。日本人は、災害時に、平常時以上に冷静に行動して、助け合うのである。

二、災害時の日本人の倫理観

それでは何故、日本人は秩序だった行動ができるのであろうか。その理由は、日本人の社会倫理観にある。日本人は甘んじて死を受け入れる、仕方がなかったこととして諦める死生観を持っているのである。この死生観は、第二章で述べた無常観に基づいている。したがって、災害で近しい人が死んだときの行き場のない恨みや理不尽さを社会や他人に対してぶつけようという意識は少ないのである。恨みや怒りがこみ上げるのではなく、むしろ災害という荒ぶる神を鎮める側、エネルギーを制御する立場に立っているのである。したがって、冷静で落ち着いた態度でいられるのだ。

この、人の死を仕方がないこととして受け入れられる無常観の背景について、少し深く考えてみたい。全ての人間は何時かは死ぬのであり、それは仕方のないことで、いくら悲しくても受け入れるしかない。しかし、人間というものは、理不尽な死、突然の死については、そう簡単には受け入れられない。この理不尽な死の代表的なものが、災害による死と戦争や紛争などの殺し合いによる死である。この理不尽な死について、大石久和氏は、日本人は死を受容し、他国は死を拒否する。その理由として日本人の死は災害による死であり、恨む相手がいないから受け入れるしかない。それに対して、他国の死は紛争による死であり、死んだ者も恨みながら死に、残った者も仲間を殺した相手を恨み復讐を誓うというのである。したがって、正義のためには血を流しても仕方がないという思想があるのだと述べている。この死に対する考えは少し乱暴であるが、言い得て妙である。実際にわが国は古代から常に災害に見舞われ多くの人々が命を落としてきた。

わが国は島国であり、他民族との戦争は江戸時代までだと飛鳥時代の白村江の戦いと鎌倉時代の元寇、豊臣秀吉の朝鮮出兵ぐらいしか見当たらない。国内での戦《いくさ》は、基本的に大量虐殺や皆殺しというようなことは少なかった。たとえば日本における最大の合戦である関ヶ原の戦いでも双方合わせて二〇万人近くの兵士が戦ったが、諸説はあるものの死者は六〇〇〇人から八〇〇〇人といわれている。他の合戦も基本的には多くの犠牲者を出さないで勝敗が決していたようである。その理由は、わが国の戦は、政治的理由によるもので、民族間の戦いや宗教戦争ではないからである。

また、農民を兵士として雇っており、原則として合戦は農閑期に行われていた。つまり、合戦より耕作の方が優先されていたのである。領主にしてもいくら戦に勝っても農民の多くが犠牲になっては自国の繁栄にはつながらない。なぜなら、戦で農民が多く死ぬとせっかく勝利してもその土地を耕すことができないことになり、意味がない。それはどちらの領主も同じ事情であった。したがって、お互い少し被害が出たところで雌雄が決していたのである。しかも、江戸時代になると約二七〇年間、戦のない時代が続いた。したがって、わが国における理不尽な死は、戦争による死より圧倒的に災害や二次災害的に起こる飢饉による餓死や病死が多かったのである。つまり、人間に殺された死ではなく、自然に殺された死だったのだ。したがって、わが国において人が理不尽に死んだ際の生き残った人間の感情は恨みより諦めが中心となっていったと考えられる。

　また、個人の欲より社会規範を重んじる社会観が昔から形成されてきたという経緯がある。それは、日本人が農耕民族だからである。農耕社会では、一人や一家族では十分な生活を営んでいくのは難しい。したがって、農作業は村全体で行い、日常生活も家単位ではなく村単位で営まれてきたのである。そのような社会では、個人の意思や利益よりも村全体の意思や利益が優先されてきた。臨床心理学的にいえば、日本人は、西洋的自我、つまり他者から独立した「私」ではなく、他者とつながった「私」で生きてきたのである。したがって、災害などの非常時においても、皆が個人の欲望をおさえて全体の秩序を守ることが美徳とされてきたのである。

　さらに、わが国には、もう一つ日本人の精神性を代表する武士道がある。この武士道こそが、極限状況におかれた時の人間の行動を律する行動規範として機能してきたのである。わが国は鎌倉幕府以来、江戸幕府が終焉する大政奉還までの七〇〇年近く、事実上武士による政権、つまり軍事政権が続いた世界でも類をみない特殊な国なのである。したがって、武士は単に武人としてだけではなく為政者として行政官として、時には文化人として機能してきたのである。そして、その過程で高い教養を身につけ、世の中の範となる人格を目指して自己陶治の道を歩んできたのだ。そのことが、武士が政権を長期にわたって維持してきた大きな要因である。特に、自己陶治《とうや》そのものが自己の内面の向上だけにとどまらず、社会や他者のために生きるという精神性にまで昇華した点にある。それが武士道という倫理規範であり、行動規範である。思想的には、神道と仏教、特に禅思想に大きな影響を受けて形成され、江戸時代に入ると儒教と融合することで武士の実践倫理として定着していったのである。

　ところで、明治政府によって、士農工商が廃止され、武士階級は消滅した。しかし、その武士道思想は武士の世が終わってから、かえって国民全体に浸透していったと考える。どういうことかといえば、それまで武士は人口の七％

程度しかいなかったといわれている。それが、四民平等となり、法的に国民全てが苗字を持ち、家族制度が法制化し、国民全体が学校教育において儒学的教育、時には武士道的色合いの強い教育を受けるようになったからである。したがって、武士道は現代の日本人の思想的底流をなしていると考えられる。

その武士道では、忠義、勇敢、犠牲、信義、礼節、名誉、質素、情愛などを説くが、その一つに廉恥がある。廉恥とは、心が清らかで恥を知る心を意味する。わが国では、伝統的に恥を知ることが重要とされてきた。武士は、名誉を重んじるが、それは名を汚さないことであり、そのためには廉恥、つまり心を清らかにして恥を知り、恥じるようなことをしないことが求められたのであった。

また、『平治物語』には、「弓矢取る身は、敵に恥を与へじと互ひに思ふこそ、本意なれ」とあるように、武士というものは敵に対しても恥をかかせないようにとお互いが思いやることこそが真意である、というのだ。つまり、武士道では、相手の廉恥を慮りお互いの名誉を尊重することを重要視したのである。さらに、時代は下るが、新渡戸稲造の著者『武士道』には、武士は名誉を重んじ、「その潔白に対するいかなる侵害をも恥辱と感ずることを当然のこととなした。」というように、恥の観念を重視している。そして、「廉恥心は少年の教育において養成せらるべき最初の徳の一つであった。」と述べ、恥ずかしいという観念こそが道徳心の根本であるとする。

ところで、作田啓一氏は、恥には、大きく分けて二つの側面があるとし、一つは、「見られて恥ずかしい」という意味での恥であり、「公恥」としている。それに対して「自分自身の内面に問いかけて恥ずかしい」という意味での恥を「私恥」としている。つまり、だれも見ていなくても自分自身の心に照らし合わせてみて恥ずかしいか恥ずかしくないかという判断基準である。このように、恥という概念は、「人前で恥ずかしいことをしてはいけない」「みんなの前で恥をかかされた」など、周りの目を気にした言葉として社会の規範を形成し、社会を秩序立てる役割を果たしているが、それは同時に自己陶冶の内面的作用でもあるのだ。そして、日本人は、この自己陶冶としての「私恥」を重んじた生き方を求めたのである。

このように見てくると、「公恥」が社会秩序を保つための恥であり、「私恥」は自分自身の内面を高めるための恥と捉えることができるが、その両方を兼ね備えることが、理想的な日本人の生き方の一つといえよう。現代においても、日常は、このような精神性は一見失われたように思われがちだが、大規模災害という極限状況に陥った場合に、多くの日本人の心の奥底から湧き出てくるのである。

第八節　受援の思想

一、受援の思想について

受援とは援助や支援を受け入れることであり､受援力とはその能力のことである。主に受援や受援力という言葉は、災害が起きて災害ボランティアが支援に駆けつけた時に､それを受け入れる際に使われる。災害時の支援については、それこそ古代から多かれ少なかれ行われてきたが、その支援を受け入れることについてはあまりに当たり前のこととして意識すらしてこなかった。しかし、近年、この受援が注目され、受援力を如何に高めるかが課題とされるようになってきたのである。まさに、長い災害の歴史のなかで、革新的な考え方、思想といえるのだ。

二、東日本大震災と受援

それでは、いつから、またなぜ受援という考え方が注目されるようになったのであろうか。この言葉は、防災の世界では専門家のなかの一部で東日本大震災以前から使われていたが、その必要性から注目され、世に広く知られるようになったのは東日本大震災以降である。

実は、東日本大震災では、被災地が混乱するなかで全国から駆けつける災害ボランティアを受け入れることができなかったのである。

三月十一日に東日本大震災が起こってから一か月が経ったころ、新聞に「県外ボランティア受け入れ拒否」という記事が載った。その後も、四月の末から五月の上旬にかけてのゴールデンウィークの間も津波被害の大きな沿岸部の約三〇市町村に設置された災害ボランティアセンターのうち約八割が県外からのボランティアの受け入れを中止したのである。その理由は、ボランティアがいらない、ニーズがないということではもちろんなかった。道路環境の設備が整わないことや、食料の確保が行き届かないなどが理由として挙げられていた。そして、何より大きな問題は災害ボランティアセンター自体が、人手が足らずボランティアを差配することができなかったからである。その後、ボランティアを募集するようになったが、夏前ごろからボランティアセンターはほとんどが閉鎖されてしまったのである。

そして、結果として被災地にはニーズが山積しているにも関わらず、受け入れを拒否したため、ボランティアが足りなかったのである。このように、ボランティアを拒否せざるを得なかった理由は次のようなことが考えられる。

① 災害ボランティアセンターの人員が少ない。

② 多くの場合、災害ボランティアセンターは現地の社会福祉協議会が運営しており、日常業務と兼任することになる。そのため、日常業務を本格的に再開しようとすれば、センターを閉鎖せざるを得ない。

③ ボランティアの専門家がほとんどおらず、ボランティアに来てもらったからには満足して帰ってもらいたい

というようにボランティア側に気を使いすぎて逆に受け入れることができなかった。

④　ボランティアセンターの持っている情報量が少ない。たとえば、多くの場合、避難所のボランティアニーズについては把握しておらず、避難所とのマッチング業務もしていない場合が多かったため、情報が限定的である。

このようなことで、被災地にはニーズが沢山あるにも関わらず、ボランティアを受け入れないというようなことが起きたのだ。

東日本大震災時において災害ボランティアを十分に受け入れることができなかったという反省のもと、災害ボランティアなどの支援をスムーズに効率よく受け入れるための受援力を高めることが緊急の課題となった。

三、**受援マニュアル**

そのような状況下、神戸市では、阪神・淡路大震災の被災経験と教訓、東日本大震災直後からの支援活動の経験で得た知見を元に、二〇一三年に全国の自治体に先駆けて「神戸市災害受援計画」を策定した。これは、大規模災害時に他の自治体や機関からの応援を迅速かつ効率的に受け入れられるようにするための実用的なマニュアルである。その特徴としては、災害時の受援の総合窓口としての「応援受入本部」の設置や受援担当者の指定などが盛り込まれている。

これを先駆けに、全国の都道府県で順次「受援マニュアル」が整備されつつある。

震災直後の混乱した状況において受援力を発揮することは、不可能に近いと思われる。したがって、平常時から他地域の自治体やボランティア組織からの支援を前提とした災害対応計画を立て、訓練していく必要がある。そのことが、災害時の受援力を高めるための最も重要な方策である。

このことに関しては、被災県の一つである宮城県も『東日本大震災宮城県の六か月間の災害対応とその検証』において、被災直後の他地域からの支援への対応を分析したうえで「今後，宮城県では，複数の自治体からの応援を速やかに受入れ，その支援を調整し，被災市町支援に活用するという受援システムの構築が求められる。」とし、受援力の強化の必要性を述べている。

第九節　持続可能な社会と防災

一、ＳＤＧｓと防災

二〇一五年から国連が提唱するＳＤＧｓ（持続可能な開発目標）がスタートした。これは世界が協力してＳＤＧｓを実現させ、全世界的な規模で持続可能な社会を目指そうというものである。

実は、このＳＤＧｓの前に、ＭＤＧｓ（ミレニアム開発目標）が遂行されていた。ミレニアム開発目標は、二〇〇一年に策定され二〇一五年まで行われた国連による国際社会の共通の目標であり、世界に存在する極度の貧困と飢餓の撲滅などを目指すもので一定の成果を上げてきた。そのＭＤＧｓの後継として、二〇一五年九月の国連サミットにおいて全会一致で採択された「持続可能な開発のための二〇三〇アジェンダ」において記載された二〇三〇年までに持続可能でよりよい世界を目指す

図2　SDGｓ

国際目標が、ＳＤＧｓなのである。

その内容は、「誰一人取り残さない」持続可能で多様性と包括性のある社会の実現のための十七のゴール・一六九のターゲットから構成されている。ＳＤＧｓはＭＤＧｓのように開発途上国を対象にしたものでなく、開発途上国はもとより先進国自身が取り組むユニバーサル（普遍的）なものである。そのなかには、もちろん防災の分野が含まれている。なぜならば、災害は私たちの命を奪い、社会を崩壊させる力があるからである。持続可能な社会を作っていくためには、災害とどのように向き合い、対応していくか、開発途上国、先進国に関わらず避けて通れない課題である。

具体的には、ＳＤＧｓのゴール一のターゲット一・五とゴール十一の中のターゲット十一・五と十一・ｂおよびゴール十三のターゲット十三・一が防災に直接言及している。

ゴール一　：　あらゆる場所のあらゆる形態の貧困を終わらせる。

ターゲット一・五　：二〇三〇年までに、貧困層や脆弱な状況にある人々の強靱性（レジリエンス）を構築し、気候変動に関連する極端な気象現象やその他の経済、社会、環境的ショックや災害に対する暴露や脆弱性を軽減する。

ゴール十一　：包摂的で安全かつ強靱（レジリエント）で持続可能な都市及び人間居住を実現する。

ターゲット十一・五　：二〇三〇年までに、貧困層及び脆弱な立場にある人々の保護に焦点をあてながら、水関連災害などの災害による死者や被災者数を大幅に削減し、世界の国内総生産比で直接的経済損失を大幅に減らす。

ターゲット十一・Ｂ　：二〇二〇年までに、包含、資源効率、気候変動の緩和と適応、災害に対する強靱さ（レジリエンス）を目指す総合的政策及び計画を導入・実施した都市及び人間居住地の件数を大幅に増加させ、仙台防災枠組二〇一五―二〇三〇に沿って、あらゆるレベルでの総合的な災害リスク管理の策定と実施を行う。

ゴール十三：気候変動及びその影響を軽減するための緊急対策を講じる。

ターゲット十三・一：すべての国々において、気候変動に起因する危険や自然災害に対するレジリエンス（強靱性）及び適応力を強化する。

二、仙台防災枠組二〇一五―二〇三〇と仙台防災協力イニシアティブ

ところで、ＳＤＧｓのターゲットの中に、防災が正式に位置づけられたのは、国際社会における日本のリーダーシップによるところが大きい。

どういうことかといえば、二〇一五年三月十四日から十八日にかけて、東日本大震災で大きな被害を出した宮城県仙台市で開催された「第三回国連防災世界会議」において、この会議のホスト国である日本は、二〇三〇年までの国際的指針である「仙台防災枠組二〇一五―二〇三〇」を共同議長国として取りまとめ、同時に日本自身の取り組みとしての「仙台防災協力イニシアティブ」を表明したのである。今まで見て来たようにわが国は世界でもトップクラスの災害多発国であるが、同時に世界でトップクラスの防災大国でもある。日本の防災対策能力が世界、特に開発途上国の防災に寄与することで、災害から多くの人々の命を救い、災害に強いまちづくりを実現させることができるのである。その思いが、この会議で具現化されたのだ。

まず、「仙台防災枠組二〇一五―二〇三〇」についてであるが、今後一五年間におよぶ国際的な防災枠組を策定す

ることが主な目的である。

【四つの優先行動】

（一）災害リスクの理解
（二）災害リスク管理のための災害リスクガバナンスの強化
（三）レジリエンスのための災害リスク軽減への投資
（四）効果的な対応のための災害準備の強化と回復・復旧・復興に向けた「より良い復興」

【七つのターゲット】

（一）二〇三〇年までに地球規模での災害死者数を実質的に減らす。二〇〇五年から二〇一五年までと比べ、二〇二〇年から二〇三〇年には一〇万人当たりの死者の減少を目指す。
（二）二〇三〇年までに地球規模での災害による被害を受ける人々の数を減らす。二〇〇五年から二〇一五年までと比べて、二〇二〇年から二〇三〇年には一〇万人当たりの被害者数の減少を目指す。
（三）二〇三〇年までに地球規模でのＧＤＰ（国内総生産）に関連し、災害を直接の原因とする経済的損失を減らす。
（四）二〇三〇年までに、保健や教育施設など重要なインフラへの損害や基本的サービスの破壊を、レジリエンス（回復力・強靭性）の開発を通じて、実質的に減らす。
（五）二〇二〇年までに国レベルおよび地方自治体レベルにおいて、災害リスク軽減戦略を策定する国を実質的に増やす。
（六）二〇三〇年までに本枠組の実施に向けた国レベルの活動を補完するために、発展途上国への十分で持続可能な支援を通じた国際協力を実質的に強化する。
（七）二〇三〇年までに人々による多様な災害への早期警戒システムと災害リスク情報および評価の入手やアクセス

を実質的に増やす。

この仙台枠組みにそって、日本は世界の災害に国際レベルで対応していくにあたって、そのリーダーシップを発揮しようというのである。

次に、「仙台防災協力イニシアティブ」であるが、その基本的な考え方をまとめると、次の通りである。
(一)災害は、貧困撲滅と持続可能な開発に対する障害であり、人間の安全保障に対する脅威である。
(二)あらゆる開発政策・計画に防災の観点を導入する「防災の主流化」が重要。ポスト二〇一五年開発アジェンダ(SDGs)にも防災が明確に位置づけられることが資源動員の観点から重要である。
(三)本年中(二〇一五年)の合意が求められている気候変動交渉においても、「適応」への取組に大きな関心がある。防災分野での確固たる取組は、気候変動交渉にも貢献する。
(四)日本は、防災先進国としての知見と技術を世界に共有しながら、国際社会と共に、災害に負けない強靱な社会を構築していく。
そして、その基本方針は、次の三つである。
(一)長期的視点に立った防災投資
災害が発生する度に緊急対応・復旧措置をとっているだけでは、災害に対する強靭性の強化は望めない。長期的な視点に立ち、防災のための予算を確保し、対策を講じていくという防災への事前投資が重要である。
(二)「より良い復興(Build Back Better)」
災害後は、土地利用計画の見直し、建築基準の見直し、防災インフラの整備等、災害に強い国・地域づくりのための抜本的な措置を実施する契機となる。災害前と同じ状態にただ戻すのではなく、被災の教訓を踏まえ、脆弱性を克服し、災害に対しより強靭な社会への復興、すなわち「Build Back Better（より良い復興）」が必要である。

（三）中央政府と多様な主体の連携

災害から人命と財産を守る責任は、各国中央政府に第一義的な責任があるが、中央政府が主導的な役割を発揮して、地方自治体、民間企業、非政府組織（ＮＧＯ）・市民社会組織（ＣＳＯ）、研究機関、メディア等各主体が連携しながらそれぞれの役割を果たす体制を構築することが必要である。国際協力の場合には、これに加えて、防災に関係する国際機関や地域機関等も含めたネットワークによる対応が効果的である。

そして、防災協力の実施に当たっては、以下の視点を念頭に置く。

（一）人間の安全保障のアプローチと女性の参画推進（女性、子ども、高齢者、障害者への配慮・参画）

（二）気候変動の影響への適応の観点も踏まえた協力（防災協力は気候変動への適応に資する）

（三）日本の知見・技術を、現地の実情に合わせて活用（官民連携、自治体連携等）

その具体的措置として、①ソフト支援、②ハード支援、③グローバルな協力と広域協力の推進を効果的に組み合わせて実施していくというものである。

つまり、わが国は、同じ年にスタートするＳＤＧｓを念頭に置き、まず「仙台防災枠組二〇一五―二〇三〇」において国際社会での防災の取り組みをリードし、「仙台防災協力イニシアティブ」において、わが国が「防災の主流化」を通して国際社会において防災をリードする覚悟を表明すると同時に、それを実現させるためにはＳＤＧｓに防災の取り組みを明確に位置づけなければならないということを表明したのである。

それ以降、日本政府は、ＪＩＣＡ（国際協力機構）を通じて、「防災の主流化」と銘打って、ＳＤＧｓの一環として防災分野の国際協力に力を入れている。また、政府だけではなく多くのＮＧＯや企業が防災分野でＳＤＧｓに貢献すべく活動を行っている。このような防災による国際協力、持続可能な社会を構築していくための防災という概念、あるいはその思想は、阪神・淡路大震災や東日本大震災を経験した日本だからこそ形成されたといえよう。

日本災害史年表

区分	西暦	元号	種類	名前	備考
古代	四一六年	允恭五年七月	地震	允恭地震	『日本書紀』に「地震」の記述。記録に残る日本史上最初の地震。
	五六七年	欽明天皇二十八年	洪水・飢餓		水害に関する日本初の記録。
	五九九年	推古七年四月	地震		日本初の震災記録。
	六七九年	天武七年十二月	地震	筑紫地震	地震の様子が詳しく記されている。
	六八四年	天武十三年十月	地震・津波	白鳳地震	土佐で津波により大きな被害。南海トラフ巨大地震と推定される。
	七〇一年	大宝元年三月	地震	大宝地震	若狭湾の冠島と沓島が海没したと伝えられる
	七三四年	天平六年四月	地震	畿内七道地震	死者多数。
	七四二年	天平十四年十一月	地震	大隅地震	朝廷から調査のため使者を送っている。
	七四五年	天平十七年	地震	天平地震	美濃国で大きな被害があった。
	八〇〇年	延暦十九年六月	噴火	延暦大噴火	富士山の大噴火である。
	八一八年	弘仁九年七月	地震	弘仁地震	関東を襲った大地震で死者が多数でた。
	八二七年	天長四年七月	地震	京都群発地震	京都で激しい揺れがあり、その後余震が続き年を超えて続いた。
	八三〇年	天長七年四月	地震	天長地震	秋田県で起こった。秋田城や四天王寺大六仏像などが倒壊した。
	八六四年	貞観六年五月	噴火	貞観大噴火	富士山の大噴火である。
	八六九年	貞観十一年五月	地震・津波	貞観地震	地震に伴う津波（貞観津波）の被害が甚大であった。
	八八七年	仁和三年七月	地震・津波	仁和地震	南海トラフ巨大地震と推定される。
	九三八年	承平八年四月	地震		京都、紀伊において強い揺れ。
	九七六年	天延四年七月	地震		京都、山城、近江において強い揺れ。

区分	西暦	元号	種類	名前	備考
中世	一〇九六年	嘉保三年十一月	地震・津波	永長地震	死者一万人以上。津波による大きな被害。南海トラフ巨大地震と推定される。
	一〇九九年	承徳三年一月	地震	康和地震	南海トラフ沿いの地震と思われてきたが、疑義が出ている。
	一一八五年	元暦二年七月	地震・津波	文治地震	『方丈記』に記されている。
	一二三〇年	寛喜二年	飢饉	寛喜の飢饉	鎌倉時代、最大規模の飢饉である。
	一二五八年	正嘉二年	飢饉	正嘉の飢饉	日蓮の『立正安国論』の執筆動機となった飢饉である。
	一二九三年	正応六年四月	地震	永仁の鎌倉地震	死者数は、諸説があるが二万人以上であると考えられる。
	一三六一年	康安元年六月	地震	康安地震	南海トラフ巨大地震と推定される。
	一四五四年	享徳三年	地震・津波	享徳地震	東北地方の太平洋側に大津波が襲来したが、詳しいことはわからない。
	一四六一年	寛正二年	飢饉	寛正の飢饉	中世最大の飢饉。京都だけで八万人以上の死者が出た。
	一四九八年	明応七年八月	地震	明応地震	東海地震（南海トラフ沿い）と推定される。

区分	西暦	元号	種類	名前	備考
近世	一五八六年	天正十三年十一月	地震・津波	天正大地震	中部地方で発生した大地震。津波被害もあった。
	一五九六年	文禄五年七月	地震	慶長伊予地震	七月九日に伊予国で発生した。
	一五九六年	文禄五年七月	地震	慶長豊後地震	慶長伊予地震の三日後の十二日に分予海峡の対岸で起こった。
	一五九六年	文禄五年七月	地震	慶長伏見地震	慶長豊後地震の次の日に伏見で発生、豊臣秀吉も被災した。
	一六〇五年	慶長九年十二月	地震	慶長地震	南海トラフ巨大地震と推定される。津波は三〇メートルを超える。溺死者数は五〇〇〇人弱といわれる。
	一六一一年	慶長十六年八月	地震	会津地震	会津地方を襲った直下型地震。三七〇〇人余が亡くなった。
	一六一一年	慶長十六年十月	地震・津波	慶長三陸地震	津波による被害が大きかった。死者は五〇〇〇人を超える。
	一六五七年	明暦三年一月	火災	明暦の大火	江戸時代最大の大火。十万人から三万人が犠牲となった。
	一七〇三年	元禄十六年十一月	地震・津波	元禄地震	震源は相模トラフであり、死者は一万人余であった。
	一七〇七年	宝永四年十月	地震	宝永地震	南海トラフ巨大地震と推定される。死者は二万人以上。
	一七〇七年	宝永四年十一月	火山噴火	宝永大噴火	富士山の大爆発。五〇余りの集落が埋没した。
	一七三二年	享保十七年	飢饉	享保の大飢饉	西日本を中心に広がった飢饉であり、一〇〇万人近くが餓死した。
	一七四二年	寛保二年七月	台風・洪水	寛保洪水	本州中央部を襲った台風による大水害であり、犠牲者は一万四〇〇〇人にのぼる。
	一七七二年	明和九年二月	火災	明和の大火	放火による江戸の大火。死者は約一万五〇〇〇人。
	一七八二年	天明二年	飢饉	天明の大飢饉	近世災害の飢饉。全国で九〇万人以上が餓死。
	一七八三年	天明三年七月	噴火	浅間山大噴火	火砕流などによって四〇の集落が被害を受け、一四四三人が犠牲となった。

区分	西暦	元号	種類	名前	備考
近世	一七九二年	寛政四年四月	地震・津波	島原大変肥後迷惑	火山性地震によって山体崩壊、津波が起こり、約一万五〇〇〇人が亡くなった。
	一八三三年	天保四年	飢饉	天保の大飢饉	異常低温による大凶作で米価が高騰、餓死者が続出。一揆・打ち壊しが発生。
	一八四七年	弘化四年三月	地震	善光寺地震	信州善光寺平を震源とする直下型地震。八五〇〇人余が亡くなった。
	一八五四年	嘉永七年六月	地震	伊賀上野地震	内陸型直下地震で、九九五人が亡くなった。
	一八五四年	嘉永七年十一月	地震・津波	安政東海地震	志摩半島では津波が二〇メートルを超えた。犠牲者は二〇〇〇人から三〇〇〇人。
	一八五四年	嘉永七年十一月	地震・津波	安政南海地震	津波は土佐で約一六メートル。死者は大阪を中心一万人を超えたと思われる。
	一八五五年	安政二年十月	地震	安政江戸地震	被害は江戸に集中。死者数の記録は、一万人から一〇万人まで幅があり不明。
	一八五六年	安政三年八月	台風	安政の台風	暴風と高潮で江戸の市内全域が被災し、死者数は二万から一〇万と幅がある。
	一八五八年	安政五年二月	地震	飛越地震	内陸地震で越中と飛騨に大きな被害をもたらした。死者は四〇〇人を超える。
	一八五八年	安政五年五月	感染症	安政のコレラ	アメリカの艦船の乗組員が長崎から持ち込み、全国に広がった。

区分	西暦	元号	種類	名前	備考
近代	一八七二年	明治五年二月	地震	浜田地震	島根県浜田市で発生、五五二人の犠牲を出した。
	一八八八年	明治二十一年	噴火	磐梯山噴火	水蒸気爆発により山体崩壊した。四六五人の犠牲者がでた。
	一八九一年	明治二十四年十月	地震	濃尾地震	内陸地震としては最大規模の地震であり、七二七三人に上った。
	一八九六年	明治二十九年六月	地震・津波	明治三陸地震津波	典型的な津波地震である。津波により、二万人以上が亡くなった。
	一九一八年	大正七年	感染症	スペイン風邪	全世界で流行し、日本だけで約四五万人が亡くなった。
	一九二三年	大正十二年九月	地震・津波	関東大震災	地震では、災害規模の被害。地震に伴う火災で一〇万人以上が犠牲となった。
	一九二五年	大正十四年五月	地震	北但馬地震	豊岡、城崎を中心に揺れと火災によって、大きな被害が出た。
	一九二七年	昭和二年三月	地震	北丹後地震	激しい揺れと火災、積雪によって大きな被害が出て、三〇〇〇人近くが亡くなった。
	一九三三年	昭和八年三月	地震・津波	昭和三陸地震津波	津波の被害はほとんどであり、死者・行方不明者が三〇〇〇人以上である。
	一九三四年	昭和九年九月	台風	室戸台風	西日本一帯に甚大な被害を出し、死者・行方不明者は三〇〇〇人を超えた。
	一九三八年	昭和十三年七月	水害	阪神大水害	神戸を中心に、洪水と土石流により、犠牲者は千人を超えた。
	一九四三年	昭和十八年九月	地震	鳥取地震	鳥取市中心部は激しい揺れで壊滅し、一〇〇〇人以上の犠牲者を出した。
	一九四四年	昭和十九年十二月	地震・津波	昭和東南海地震	犠牲者は一二〇〇人を超えるが、戦時中のためにほとんど報道されなかった。
	一九四五年	昭和二十年一月	地震	三河地震	激しい揺れで死者は二三〇〇人を超えるが、戦時下、隠された地震である。

区分	西暦	元号	種類	名前	備考
現代	一九四五年	昭和二十年九月	台風	枕崎台風	終戦直後の混乱の中での災害で、三七〇〇人余りの犠牲がでた。
	一九四六年	昭和二十一年十二月	地震・津波	昭和南海地震	東南海地震に続く南海トラフ沿いの地震で一五〇〇人近くの犠牲が出た。
	一九四七年	昭和二十二年七月	台風	カスリーン台風	主に関東地方に大きな被害が出て、死者・行方不明者は二〇〇〇人近くに上った。
	一九四八年	昭和二十三年六月	地震	福井地震	激しい揺れと火災で甚大な被害が出て、三八〇〇人近くが亡くなった。
	一九五〇年	昭和二十五年九月	台風	ジェーン台風	強風によって近畿や四国で大きな被害が出た。犠牲者は五〇〇名以上であった。
	一九五四年	昭和二十九年九月	台風	洞爺丸台風	函館港内で洞爺松が転覆するなど一八〇〇人近くが亡くなった。
	一九五八年	昭和三十三年九月	台風	狩野川台風	静岡県での被害が大きく、犠牲者は約一三〇〇人に上った。
	一九五九年	昭和三十四年九月	台風・高潮	伊勢湾台風	近代以降最大の被害を出した台風。約六二〇〇人が犠牲になった。
	一九六〇年	昭和三十五年五月	津波	チリ地震津波	チリ地震の津波が日本に押し寄せ、一四二人が亡くなった。
	一九六四年	昭和三十九年六月	地震・津波	新潟地震	津波が日本海沿岸に来襲し、二六人が亡くなった。
	一九六八年	昭和四十三年五月	地震・津波	十勝沖地震	津波が日本海沿岸を襲い、五二人が犠牲となった。
	一九八三年	昭和五十八年五月	地震・津波	日本海中部地震	日本海岸を津波が襲い、一〇四人が亡くなった。
	一九八四年	昭和五十九年九月	地震	長野西部地震	地震による山体崩壊などで二九人が亡くなった。
	一九九一年	平成三年六月	噴火	雲仙普賢岳	大火砕流が発生し、四四人が犠牲となった。

区分	西暦	元号	種類	名前	備考
現代	一九九三年	平成五年七月	地震・津波	北海道南西沖地震	奥尻島に大津波が来襲し、一二三〇人の犠牲を出した。
	一九九五年	平成七年一月	地震	阪神・淡路大震災	揺れが激しく犠牲者の多くが圧死であった。約六五〇〇人もの命が奪われた。
	二〇〇〇年	平成十二年七月	噴火	三宅島	噴火が続き、全島民に対して島外避難指示が発令され、全島避難が行われた。
	二〇〇四年	平成十六年十月	地震	新潟県中越地震	震度七を記録し、六八人が亡くなった。山古志村全村民が避難。
	二〇〇七年	平成十九年七月	地震	新潟県中越沖地震	一五人が犠牲になった。地震の影響で、柏崎刈羽原発から火災が発生した。
	二〇〇八年	平成二十年六月	地震	岩手・宮城内陸地震	山体崩壊や土砂崩れが多く起こった。人的被害としては一七人が亡くなった。
	二〇一一年	平成二十三年三月	地震・津波	東日本大震災	大津波により二万人以上が犠牲になり、福島第一原発から放射線が放出した。
	二〇一五年	平成二十七年四月	地震	熊本地震	震度七が二回観測された。死者は、関連死を含め二七三人に上った。
	二〇一八年	平成三十年六月	地震	大阪北部地震	気象庁が観測を開始して以来、はじめて大阪で震度六弱を観測した。
	二〇一八年	平成三十年九月	地震	北海道胆振東部地震	震度七を記録。四三人が亡くなった。土砂崩れと液状化が多発した。
	二〇二〇年	令和二年一月	感染症	新型コロナウイルス	中国を起源とする新型コロナウイルスによるパンデミック。

【参考文献一覧】

◉古代

・黒板 勝美 国史大系編修会『日本書紀』前篇（国史大系）吉川弘文館 一九七三年
・黒板 勝美 国史大系編修会『日本書紀』後篇（国史大系）吉川弘文館 一九七三年
・中村啓信『風土記 下 豊後国風土記・肥前国・逸文』KADOKAWA 二〇一五年
・黒板 勝美 国史大系編修会『続日本紀』（国史大系）吉川弘文館 二〇〇七年
・熊野三山協議会『熊野年代記』熊野三山協議会 一九八九年
・今村明恒「大寶元年及び慶長元年の陥没性本邦大地震に就て（昭和二十一年五月十三日報告）」帝國學士院紀事 一九四六年四巻三号 一九四六年『丹後風土記残欠』および『縁城寺年代記』の記事。
・黒板 勝美 国史大系編修会『日本紀略』（国史大系）吉川弘文館 二〇〇〇年
・森田悌『日本後記 上』講談社 二〇一八年
・黒板 勝美 国史大系編修会『日本三代実録』前編（国史大系）吉川弘文館 一九八六年
・黒板 勝美 国史大系編修会『日本三代実録』後編（国史大系）吉川弘文館 一九八七年
・森田悌『日本後記 下』講談社 二〇一七年
・塙保己一『群書類従・第九輯』群書類従完成会 一九八三年『都文集・巻五』
・川口久雄『菅家文草・菅家後集』（日本古典文学大系大七二）岩波書店 一九六六年
・小林信明『列子』（新釈漢文大系二二）明治書院 一九六九年

・邢東風「仏典に見られる「大地震動」」『桃山学院大学総合研究所紀要』第三六巻第一号「摩訶般若波羅蜜経」第一巻
・釋鳩摩羅什 譯『大智度論』林氏幸宿花溪居士活字印 一六四〇年（国立国会図書館蔵）
・『類聚国史』（六国史・国史大系）経済雑誌社 一九一六年

◉中世

・笹川種郎『史料通覧』（「中右記」一〜六）日本史籍保存会 一九一六年
・東京大学史料編纂所編『後二条師通記』全三冊 岩波書店 一九七八年
・真然『阿波国太龍寺縁起』国立国会図書館蔵
・笹川種郎『史料通覧』（「山槐記 三」）日本史籍保存会 一九一七年
・鴨長明『方丈記』岩波書店 一九八九年
・高木市之助他『平家物語』日本古典文学大系三三『平家物語 下』岩波書店 一九六二年
・貴志正造『金澤吾妻鏡』第四巻 新人物往来社 一九七七年
・竹内理三『増補続史料大成』「鎌倉年代記・武家年代記・鎌倉大日記」臨川書店 一九七九年
・豊時成『本朝地震記』全 江戸時代中期 全国市有物件災害共済会防災専門図書館蔵
・親玄僧正日記を読む会「永仁一年分（中）『親玄僧正日記』」『内乱史研究』一五 内乱史研究会 一九九四年
・東京大学史料編纂所『後愚昧記』一 岩波書店 一九八〇年
・後藤丹治他『太平記』三（日本古典文学大系三六）岩波書店 一九六〇年
・近藤瓶城『改定史籍集覧 第二四冊 復刻版』臨川書店 一九九一年「嘉元記」

・高橋隆三他『経覚私要鈔　五』（史料纂集古記録編）八木書店　二〇一四年
・東京大学史料編纂所『碧山日録』（上）（大日本古記録）岩波書店　二〇一三年
・近衛政家『後法興院記　下巻』至文堂　一九三〇年
・三条西実隆『実隆公記』太洋社　一九三三年
・立正大学日蓮教学研究所『日蓮宗宗学全書』二三巻　日蓮宗宗学全書刊行会　一九六二年『日海記』
・塙保己一『続群書類従　第一輯下』続群書類従完成会　一九五八年『内宮子良館記』
・兵庫県史編集専門委員会『兵庫県史　史料編中世三』兵庫県　一九八八年「安達親長五輪宝塔造立供養願文案」
・石井進他『中世政治社会思想　上』岩波書店　一九七二年『北条実時家訓』、『御成敗式目』、『追加法』
・和辻哲郎『正法眼蔵随聞記』岩波書店　一九八二年
・西行『西行全歌集』岩波書店　二〇一三年
・吉田兼好『徒然草』岩波書店　一九八五年

◉近世

・橋本政宣他『兼見卿記　第三』八木書店　二〇一四年
・真宗史料刊行会『大系真宗史料　文書記録編一四』法蔵館　二〇一六年『貝塚御座所日記』
・辻善之助『多聞院日記　第三巻』三教書院　一九三六年
・鎌田純一『史料纂集古記録編　舜旧記一』八木書店　二〇一四年
・松田毅一他『フロイス日本史』五　中央公論社　一九七八年

・東京大学史料編纂所『大日本古記録　言経卿記七』岩波書店　一九九二年
・ジャン・クラッセ『日本西教史　下』時事彙存社　一九一三年
・宝月圭吾他『史料纂集古記録編　義演准后日記一』八木書店　一九七六年
・石橋克彦「一六〇五年慶長津波を記す『阿闍梨暁印置文』の史料批判」『歴史地震』第三四号　二〇一九年
・徳島県教育委員会編『南海地震徳島県地震津波碑調査布告書』（徳島県埋蔵文化財調査報告書第三集）二〇一七年『大岩慶長宝永碑』
・『史籍雑纂第二所収　当代記・駿府記』続群書類従完成会　一九九五年
・浅井了意『むさしあぶみ』一六六一年
・宮川葉子『楽只堂年録　第四』八木書店　二〇一五年
・宇佐美龍夫他『資料日本被害地震総覧五九九―二〇一二』東京大学出版会　二〇一四年
・大田南畝『竹橋余筆』国書刊行会　一九一七年
・宮川葉子『楽只堂年録　第八』八木書店　二〇一九年
・名古屋市教育委員会、朝日重章『名古屋叢書　校訂復刻 続編第九巻 鸚鵡籠中記 一から四』愛知県郷土資料刊行会　一九八三年
・朝林研究会編『共同研究報告書一二・朝林後編』二〇一〇年
・富士吉田市史編さん委員会『富士吉田市史』（資料編第三巻　近世一）富士吉田市　一九九四年『富士山焼出しの事』
・新井白石『折たく柴の記』岩波書店　一九九九年
・北原糸子他『日本歴史災害事典』吉川弘文館　二〇一二年

・『徳川実紀』経済雑誌社　一九〇四年
・群馬県吾妻教育会『群馬県吾妻郡誌』群馬県吾妻教育会　一九二九年
・長野市誌編さん委員会『長野市誌第四巻　歴史編　近世二』長野市　二〇〇四年
・山中譲『通俗近世史略』同盟分舎　一八八八年
・斎藤月岑『武江年表』国書刊行会　一九一二年
・東京市役所『東京市史稿』博文館　一九一五年
・金屯道人『安政箇労痢流行記』一八五八年　京都大学蔵
『諸宗寺院死人書上写』一八五八年　東京大学地震研究所図書室蔵
・宇佐美龍夫『太極地震記・安政見聞録・地震預防説・防火策図解』（江戸科学古典叢書〈一九〉）恒和出版　一九七九年
・本多正信『本佐録』国立国会図書館蔵
・西川忠亮『西川如見遺書・第五編　怪異弁断八巻』西川忠亮　一八九九年
・西川如見『町人嚢／百姓嚢／長崎夜話草』岩波書店　一九四二年
・宮田登「『世直し』とミロク信仰」『民俗学研究』三三巻一号　一九六八年
・山田孝雄他『今昔物語集三』（新編日本古典文学大系三七）小学館　二〇〇一年
・兒嶋不求『天地或問珍』秋田屋／太右衛門　一八一八年　筑波大学附属図書館蔵
・横山晴夫『三峯神社日鑑　第八巻』八木書店　二〇〇五年
・北原糸子『地震の社会学』吉川弘文館　二〇一三年
・勝海舟『氷川清話』講談社　二〇〇〇年

・東京大学地震研究所『新収日本自身史料　第五巻二ノ二』日本電気協会　一九八五年『安政江戸大地震実験談』
・齋藤一馬他『三河物語・葉隠』（日本思想大系二六）岩波書店　一九七四年
・全国東照宮連合会編纂『披沙揀金　家康公逸話集』全国東照宮連合会　一九九七年『東照宮御遺訓』
・中村元『慈悲』講談社　二〇一〇年
・新渡戸稲造『武士道』岩波書店　一九三八年
・金谷治『論語』岩波書店　一九九九年
・松平定信『楽翁公遺書　上巻』八尾書店　一八九三年『国本論』
・松平定信『楽翁公遺書　下巻』八尾書店　一八九三年『大学経文講義』
・長野県誌編さん委員会『長野市誌　第四巻　歴史編　近世二』長野市　二〇〇四年
・信濃史料刊行会『新編信濃史料叢書〈第九巻〉』信濃史料刊行会　一九七三年『むし倉日記』
・「週刊長野」二〇一五年二月十四日号
・横山昭男『上杉鷹山』吉川弘文館　二〇一四年
・北原糸子『地震の社会史―安政大地震と民衆―』吉川弘文館　二〇一三年
・石田梅岩『都鄙問答』岩波書店　二〇〇七年
・杉村広太郎『濱口梧陵小傳』広川町文化財保護審議委員会・広川町教育委員会　二〇〇五年
・和歌山県有田郡教育会『紀伊有田郡先賢傳記　第一輯』和歌山県有田郡教育会　一九三四年
・富田高慶『報徳記』岩波書店　一九九一年

◉近代
・関谷清景他『磐梯山大破裂実況取調報告書』佐久間正美　一九六一年
・内閣府『災害教訓の継承に関する専門調査会報告書』二〇〇五年『一八八八 磐梯山噴火』
・『風俗画報　臨時増刊第百十九号海嘯被害録中巻』東陽堂　一八九六年
・速水融『日本を襲ったスペイン・インフルエンザ』藤原書店　二〇二〇年
・鈴木淳『関東大震災－消防・医療・ボランティアから検証する』ちくま書房　二〇〇四年
・内閣府『災害教訓の継承に関する専門調査会報告書』二〇〇六年『一九二三 関東大震災』
・宇佐美龍夫他『資料日本被害地震総覧五九九―二〇一二』東京大学出版会　二〇一四年
・NHK情報ネットワーク『NHK二〇世紀日本　大災害の記録』NHK出版　二〇〇二年
・今村明恒「遠州沖大地震所感」『地震』一六巻第十一、十二号　一九四四年
・都倉武之『時事新報史』　慶応義塾大学出版会HP（二〇二〇年一一月三〇日）
・東京帝國大學罹災者情報局『帝都大震火災系統図』東京日日新聞社　一九二三年
・北原糸子「関東大震災の義捐金について」『神奈川大学年報　非文字資料研究　七』二〇一一年
・鶴田一郎「関東大震災時の学生の救援活動－東京帝国大学学生救護団を中心に―」『広島国際大学教職教室教育論叢』第七号　二〇一五年
・『森永五十五年史』森永製菓　一九五四年
・アンリー・デュナン『ソルフェリーノの思い出』白水社　一九四九年
・桝居孝他『第二版　世界と日本の赤十字―世界最大の人道支援機関の活動』東信堂　二〇一八年

・東京商工会議所『渋沢栄一　日本を創った実業人』講談社　二〇〇八年
・渋沢栄一『論語と算盤』ＫＡＤＯＫＡＷＡ　二〇〇八年
・公益財団法人渋沢栄一記念財団ＨＰ（二〇二〇年一〇月一五日）
・新渡戸稲造『武士道』岩波書店　一九三八年
・増田義一「天災と大教訓」『実業の日本』第二六巻第一八号　一九二三年
・椎尾弁匡「人類の過失也」太陽　一九二三年一一月号
・永井荷風『摘録断腸亭日乗』上　岩波書店　一九九一年
・内村鑑三『内村鑑三著作集』第二十巻　岩波書店　一九五五年
・山室軍平「国民反省の機」雑誌『太陽』一九二三年一一月号
・宇垣一成『宇垣一成日記』Ｉ　みすず書房　一九六八年
・元田肇「大震火災に逢うて」『震災より得たる教訓』国民教育会　一九二四年
・芥川龍之介「大震災に際せる感想」（『芥川龍之介全集』第六巻）岩波書店　一九七八年
・菊池寛「災後雑感」『菊池寛全集』補巻第二　武蔵野書房　二〇〇二年
・寺田寅彦「事変の記憶」『地震雑感・津浪と人間　寺田寅彦随筆選集』
・ポール・クローデル『朝日の中の黒い鳥』講談社　一九八八年
・ノエル・Ｆ・ブッシュ『正午二分前―外国人記者の見た関東大震災―』早川書房　二〇〇五年

◉現代
・中央気象台『昭和二十一年十二月二十一日『南海道大地震調査概報』一九四七年
・NHK情報ネットワーク『NHK二〇世紀日本　大災害の記録』NHK出版　二〇〇二年
・内閣府『災害教訓の継承に関する専門調査会報告書』二〇〇八年『一九五九 伊勢湾台風』
・内閣府『阪神・淡路大震災教訓情報資料集阪神・淡路大震災教訓情報資料集』内閣府HP（二〇二〇年十一月一五日）
・総務省消防庁『東日本大震災記録集』二〇一三年
『奥尻島防災ハンドブック』　北海道奥尻町　一九九五年
・前林清和『社会防災の基礎を学ぶ─自助・共助・公助─』昭和堂　二〇一六年
・江田英里香他『ボランティア解体新書　戸惑いの社会から新しい公共への道』木立の文庫　二〇一九年
・前林清和『企業における社会貢献─その哲学と実践─』コンプラス　二〇一三年
『災害時のこころのケア』　日本赤十字社　二〇〇八年
・大石久和『国土が日本人の謎を解く』産経新聞出版　二〇一五年
・作田啓一『恥の文化再考』筑摩書房　一九六七年
・林春男「防災学にとって『こころのケア』とは何か」『繊維製品消費科学』三八巻一〇号　一九九七年
・岸谷誠一『平治物語』岩波書店　一九三四年
・新渡戸稲造『武士道』岩波書店　一九三八年
・田中綾子『災害ボランティアの実践と心理』デザインエッグ　二〇一九年

おわりに

古代から現代までの災害について一気に見てきたが、それらは単に過去にあった災い、ということではない。海溝型の地震は、一定の周期で繰り返し発生してきた。特に、南海トラフ巨大地震や三陸地震は文献からだけでもそのことがはっきりわかる。また、内陸型地震にしても、日本という枠の中で考えれば震度七クラスの地震が相当の頻度で起き続けている。一方、気象災害は被害の大小はあるが、たとえば台風は夏から秋にかけて毎年、被害を出している。当たり前のことではあるが、災害は現在進行形であり、これからも起き続けていくことは明白な事実なのである。

このような天変地異が組み込まれた自然のなかに、私たちは古代から営々と社会を形成し、生活を営んできたのである。また、大規模災害が連続すると、時の政権が転覆する大きな契機や要素ともなってきた。

そして、なにより、私たち日本人は災害のなかに身を置きながら、本書で見てきたような災害観や人生観、倫理観を形成してきたのである。これらの精神性やそれに基づく行動は、災害が継続的に続いてきたように、決して過去のことではない。たとえば、古代の天譴論はその内容を変えながらも中世、近世、近代、現代と大規模な災害が起こるたびに、私たちの脳裏に浮かびあがり、世間を騒がせる。また中世以来の武士道の倫理観は日本人の心性として心の奥に流れており、災害が起きた時の秩序を保ち続けている。また同じく、中世に形成された無常観も、災害時に怒るのではなくはかなさを感じたり諦めたりして耐え忍び復興に向かおうとする心性につながっている。さらに、近世に盛んに行われるようになった民間人による施行もそれ以降大規模災害が起きるたびに実施され、現代では企業のＣＳＲという姿で行われている。また、災害時のボランティアも、阪神・淡路大震災がボランティア元年といわれるが、組織的には近代にはじまった赤十字の活動があり、学生ボランティアにしても関東大震災の時にはすでに学生の若い力が発揮され、今も同じように災害時にはスイッチがはいったように若者が被災地に赴く。

このように、自然や風土のなかで培われてきた民族性や国民性は災害といった非常事態の際に凝縮された形で顕在化するのであろう。これからも必ず繰り返し起こる災害にむけて、日本人の行動特性やその精神性を理解したうえで、その短所を補いつつ、長所に焦点をあて、如何にその被害を小さくしていけるか、これからの私たちの課題である。

なお、本書は神戸学院大学の二〇二〇年度神戸学院大学出版会設立記念出版補助金を頂いて神戸学院大学出版会から出版することができた。本学の教員として出版会の発足の年に出版できることを光栄に思うと共に、このような機会を与えて頂いた西本誠實理事長、佐藤雅美学長に対し感謝する次第である。

最後になったが、本書を出版するにあたり、神戸学院大学出版会アドバイザーである奥間祥行氏には、大変ご無理を申し上げた。お礼を申し上げる。

二〇二〇年十一月

新型コロナ禍という未知の災害のなかで

前林清和

【著者略歴】 前林　清和（まえばやし　きよかず）
1957年生まれ
学歴　　筑波大学大学院　博士（文学）
現在　　神戸学院大学　現代社会学部　社会防災学科　教授
専門　　社会防災学　社会貢献論　心身論

【最近の著書】

『災害と向き合う』（共著・明石S.U.C　2019年）
『ボランティア解体新書－戸惑いの社会から新しい公共への道－』（共著・木立の文庫　2019年）
『守ろう！私たちの今と未来』（共著・明石S.U.C　2018年）
『社会防災の基礎を学ぶ－自助・共助・公助－』（単著・昭和堂・2016年）
『東日本大震災ノート』（共著・晃洋書房、2012年）
『開発教育実践学－開発途上国の理解のために－』（単著・昭和堂・2010年）
『Win-Winの社会をめざして－社会貢献の多面的考察－』（単著・晃洋書房・2009年）など

日本災害思想史

発刊日　2021年3月25日
著　者　前林清和 ©
装　丁　二宮　光
発行人　佐藤雅美
発行所　神戸学院大学出版会

発売所　株式会社エピック
651 − 0093　神戸市中央区二宮町1 − 3 − 2
電話 078（241）7561　FAX078（241）1918
http://www.epic.jp　E-mail info@epic.jp
印刷所　モリモト印刷株式会社

ISBN978-4-89985-213-1 C3039